THOMAS BARKEMEIER
Meine Lieblingsorte

Victoria ❶ – ⓫

Beim Schlendern durch die engen Gassen entlang von Obstständen, Geschäften und Cafés erhält man einen ersten Eindruck vom typischen Inselleben und kann mit den Einheimischen plaudern (s. S. 21).

Curieuse ㊾

Schneeweiße Strände, Spaziergänge durch tropische Natur und Ruinen abseits des Weges, die von der nicht immer einfachen Geschichte erzählen: Die vor Praslin gelegene Insel Curieuse vereint vieles von dem, was die Seychellen so einzigartig macht. Beim Anblick der frei umherlaufenden Aldabra-Schildkröten fühlt man sich zudem in die Anfangszeit der Evolutionsgeschichte versetzt (s. S. 73).

La Passe ㊺

La Passe ist mit seinen träge im glasklaren Wasser dümpelnden Booten, seiner gemütlichen Verschlafenheit und den freundlichen Bewohnern das Sinnbild einer tropischen Hafenstadt. Das lokale Leben ist hier Lichtjahre von westlicher Hektik entfernt – Balsam für die Seele (s. S. 76).

Anse Source d'Argent ㊷

Der Traumstrand von Anse Source d'Argent am frühen Morgen, bevor die Tages-Ausflügler kommen: Kein Foto kann die zeitlose Schönheit dieser perfekten Symbiose aus türkisfarbenem Meer, bizarren Felsformationen und den satten Farben und faszinierenden Formen der angrenzenden Natur einfangen (s. S. 80).

Insel|Trip

Liebe Grüße ...

... von den vorgelagerten Inseln von Praslin

Fetzige Sega-Musik, köstlicher Takamaka-Rum zusammen mit dem warmen Wind und dem türkisfarbenen Indischen Ozean: Die Seele schwingt im Rhythmus der zur Realität gewordenen Südsee-Klischees (s. S. 71).

... von der Spitze des Nid d'Aigle

Der höchste Berg der Trauminsel La Digue bietet einen herrlichen Ausblick über die ganze Insel und den türkisfarbenen Ozean (s. S. 82).

... von der Vogelinsel Cousin 50

Tausende wunderschöner, nur auf den Seychellen lebender Vögel schwirren mir um die Ohren, scheinbar ohne jede Scheu. Ich habe das Gefühl, eins zu sein mit der Natur magisch (s. S. 71)!

... vom Strand in Beau Vallon 15

Beim Picknick zum Sonnenuntergang mit den Einheimischen gibt es köstlichen Fisch, dazu frische Früchte und beim Sound eines Gitarrenspielers verweile ich ganz im „Hier und Jetzt" (s. S. 33).

Seychellen

Die Insel **Mahé** ist mit einer Fläche von 155 km² nicht nur die größte Insel des Archipels, sie beherbergt mit 80.000 Einwohnern auch gut 80 % der Gesamtbevölkerung der Seychellen. Neben der Hauptstadt Victoria befinden sich hier alle wichtigen Verwaltungseinrichtungen, der internationale Flughafen, Rundfunk- und Fernsehanstalten sowie die Universität des Landes. Auch touristisch ist sie mit ihren schönen, von bizarren Felsformationen durchsetzten Stränden, dem vom Dschungel überwucherten Inselinneren mit Bergen von über 900 m Höhe und einer Vielzahl erstklassiger Hotels und Restaurants die bedeutendste Insel der Seychellen.

Die 45 km nordöstlich von Mahé gelegene Insel **Praslin** ist mit einer Fläche von 26 km² und einer Einwohnerzahl von etwa 8000 Einwohnern so etwas wie deren kleine Schwester. Auch hier locken einsame Strände, eine faszinierende Unterwasserwelt, schöne Wanderwege im Inselinneren und eine hervorragende touristische Infrastruktur. Grundsätzlich sind die Hotels jedoch kleiner und der allgemeine Lebensrhythmus ruhiger und gemütlicher.

Das Klischee vom klassischen Tropenparadies mit schneeweißen Stränden, überhängenden Palmen, einer atemberaubenden Unterwasserwelt und überwältigender Natur verkörpert schließlich die Nachbarinsel La Digue (s. S. 75). Mehrere ihrer Strände tauchen regelmäßig bei der Wahl zu den weltweit schönsten Stränden auf – und das, obwohl die Insel mit einer Fläche von 5 km² winzig klein ist. Gesteigert wird das besondere Flair der Insel noch durch die Tatsache, dass es auf La Digue so gut wie keinen motorisierten Verkehr gibt, man sich stattdessen per Fahrrad und zu Fuß fortbewegt und die meisten Urlauber in kleinen, hübschen Pensionen anstatt in großen Resort-Hotels wohnen – ein Südseetraum im Indischen Ozean.

Der Autor

Thomas Barkemeier ist seit seiner Jugend ein „Wanderer zwischen den Welten". Seit über 30 Jahren reist er zwischen Europa, Asien und Amerika hin und her. Reisen und Schreiben sind seither seine Passionen, die er als Reisebuchautor und Studienreiseleiter zu seinem Beruf gemacht hat. Von den insgesamt zwölf von ihm verfassten Büchern sind sieben im REISE KNOW-HOW Verlag erschienen. Mehrere von ihnen wurden ausgezeichnet.

Die Seychellen bereist Barkemeier jedes Jahr mindestens ein Mal. Besonders ziehen ihn die Bilderbuchstrände, die tropische Natur sowie die Liebenswürdigkeit und Gelassenheit der Einheimischen in diese Inselwelt.

Er lebt mit seiner Frau und seinen Kindern in Victoria, im äußersten Südwesten Kanadas.

INSEL|TRIP
Seychellen

- 1 Meine Lieblingsorte
- 2 Liebe Grüße …
- 3 Der Autor
- 8 Benutzungshinweise

9 Die Seychellen im Überblick

- 10 Einführung
- *11 Inselsteckbrief*
- 12 Wassersport- und Outdooraktivitäten
- *16 Das Paradies vor dem Ausverkauf*

19 Hauptinsel Mahé

21 Hauptstadt Victoria

- 21 ❶ Selwyn Selwyn Clarke Market ★★★ [D3]
- 24 ❷ Cathedral of Immaculate Conception ★ [D3]
- 25 ❸ Hindutempel ★★ [D3]
- 25 ❹ Albert Street ★★ [D3]
- 26 ❺ St. Paul's Cathedral ★ [D3]
- 26 ❻ Clock Tower ★★ [D3]
- 27 ❼ Hauptpost ★ [D3]
- 27 ❽ Seychelles History Museum ★★ [D3]
- 27 ❾ Kenwyn House ★★ [D3]
- 28 ❿ Botanischer Garten ★★ [D4]
- 29 ⓫ Bel Air Cemetery ★★ [D3]

32 Der Norden

- 32 ⓬ Parfümerie Kreolfleurage ★★ [D2]
- 32 ⓭ Carana Bay ★ [D1]
- 32 ⓮ Nordwestküste ★★ [C2]
- 33 ⓯ Beau Vallon Bay/Bel Ombre ★★★ [C3]
- *37 Wanderung von Danzil nach Anse Major*

38 Der Süden

- 38 ⓰ Eden Island ★★ [E4]
- 39 ⓱ Anse aux Pins ★ [G6]
- 40 ⓲ Le Domaine de Val des Pres (Vilaz Artizanal) ★★ [F6]
- 40 ⓳ Anse Royale ★★ [F8]
- 41 ⓴ Jardin du Roi ★★★ [F8]
- 43 ㉑ Anses Bougainville, Forbans und Marie Louise ★ [G9]
- 43 ㉒ Pointe Capucins, Anse Capucins ★★ [G10]
- 43 ㉓ Petite Boileau ★ [G10]
- 44 ㉔ Anse Intendance ★★ [F9]

◁ *Der uralte Dschungel Vallée de Mai* ⓭ *(083se-fo©Nikolai Sorokin)*

46	**Der Westen**	
46	㉕ Anse Takamaka/ Baie Lazare ★★★ [E9]	
46	㉖ Studio von Michael Adams ★★ [E8]	
47	㉗ Anse à la Mouche, Anse Boileau ★★ [E7]	
48	㉘ Grande Anse ★★ [D5]	
48	㉙ Port Glaud, Port Launay ★★★ [C5]	
49	㉚ Baie Ternay ★★★ [A4]	

Zeichenerklärung

★★★ nicht verpassen
★★ besonders sehenswert
★ wichtig für speziell interessierte Besucher

[A1] Planquadrat im Kartenmaterial. Orte ohne diese Angabe liegen außerhalb unserer Karten. Ihre Lage kann aber wie die von allen Ortsmarken mithilfe der begleitenden Web-App angezeigt werden (s. S. 144).

52	**Das Inselinnere**
52	㉛ Sans-Souci-Straße ★★ [C5]
52	㉜ Teeplantage ★★ [D5]
53	㉝ Venn's Town/Mission Lodge ★★ [D4]
53	*Wanderung zum Morne Copolia*

54	**St. Anne Marine National Park**
55	㉞ St. Anne Island ★★ [F3]
55	㉟ Moyenne Island ★★★ [F3]
55	㊱ Round Island ★★ [F3]
55	㊲ Long Island ★★★ [F3]
56	㊳ Cerf Island ★★ [F4]
56	*Brendon Grimshaw – mehr als ein moderner Robinson Crusoe*
58	㊴ Île Cachée ★ [F4]

Updates zum Buch

www.reise-know-how.de/
inseltrip/seychellen18

59	**Praslin**

60	**Der Nordosten**
60	㊵ Baie Sainte Anne ★ [O6]
61	㊶ Naturpark Fond Ferdinand ★★ [O6]
61	㊷ Anse La Blague, Petite Anse, Grande Anse ★★ [P5]
62	㊸ Anse Gouvernement, Anse Matelot ★★ [O5]
62	㊹ Côte d'Or, Anse Volbert ★★★ [O5]
63	㊺ Anse Possession, Anse Takamaka, Anse Boudin ★★ [N4]
64	㊻ Anse Lazio ★★★ [M4]

67	**Der Südwesten**
67	㊼ Vallée-de-Mai-Nationalpark ★★★ [N6]
68	㊽ Grand Anse ★ [N6]
69	㊾ Anse Kerlan, Anse Georgette ★★★ [L4]

71	**Die vorgelagerten Inseln**
71	㊿ Cousin ★★★ [L6]
72	51 Cousine ★ [K6]
73	52 Curieuse ★★★ [N4]
74	53 Les Soeur ★★ [S4]
74	54 Aride ★★★ [L1]

75 La Digue

76 Nördlich vom Landungssteg

76 (55) La Passe ★★★ [R6]
77 (56) Anse Severe ★ [R6]
77 (57) Anse Patates ★★ [R6]
78 (58) Anse Gaulettes ★ [R6]

78 Südlich vom Landungssteg

78 (59) Anse La Réunion ★★ [R6]
78 (60) L'Union Estate ★★ [R7]
79 (61) Schiffswerft ★ [R7]
80 (62) Anse Source d'Argent ★★★ [R7]

81 Strände südöstlich der Anse Source d'Argent

82 (63) Grand Anse ★★★ [R7]
82 (64) Anse Cocos ★ [S7]

87 Die Seychellen erleben

88 Feste und Folklore
89 Kulinarische Entdeckungen
92 Shopping
94 Die vielfältige Kunstszene der Seychellen
95 Natur erleben
102 Königin der Palmen – die Coco de Mer
103 Von den Anfängen bis zur Gegenwart
104 Mehr als Postkartenidylle – das vorbildliche Sozialsystem

107 Praktische Reisetipps

108 An- und Rückreise
109 Ausrüstung und Kleidung
110 Barrierefreies Reisen
110 Diplomatische Vertretungen
111 Ein- und Ausreisebestimmungen
112 Elektrizität
112 Film und Foto
112 Geldfragen
114 Hygiene
114 Informationsquellen
115 Meine Literaturtipps
115 Internet
115 Infos für LGBT+
116 Maße und Gewichte
116 Medizinische Versorgung
117 Mit Kindern unterwegs
118 Notfälle
119 Öffnungszeiten
119 Post
119 Sicherheit
119 Sprache
120 Telefonieren
121 Touren
122 Trinkgeld
122 Uhrzeit
122 Unterkunft
124 Die Kreolen: von Natur aus gelassen und tolerant
126 Verhaltenstipps
127 Verkehrsmittel
131 Versicherungen
132 Wetter und Reisezeit

133 Anhang

134 Kleine Sprachhilfe Kreol für die Seychellen
139 Impressum
139 Schreiben Sie uns
140 Register
144 Zeichenerklärung
144 Die Seychellen mit PC, Smartphone & Co.

Benutzungshinweise

Orientierungssystem

Die in den folgenden Kapiteln beschriebenen Attraktionen sind mit einer **fortlaufenden magentafarbenen Nummer** gekennzeichnet, die sich als Ortsmarke im Faltplan oder Detailplan wiederfindet. Steht die Nummer im Fließtext, verweist sie auf die Beschreibung dieser Attraktion.

Die Angabe in **eckigen Klammern** verweist auf das Planquadrat im Faltplan. Beispiel:
❻ **Clock Tower** ★★ [D3]

Alle weiteren Points of Interest wie Unterkünfte, Restaurants oder Cafés sind mit einer Nummer in **spitzen Klammern** versehen. Anhand dieser eindeutigen Nummer können die Orte in unserer speziell aufbereiteten Web-App unter www.reise-know-how.de/inseltrip/seychellen18 lokalisiert werden (s. S. 144). Beispiel:
❯ **Clef des Iles** €€€ <021>

Beginnen die Points of Interest mit einem **farbigen Quadrat**, so sind sie zusätzlich in den Detailplänen eingezeichnet:
■ **Bel Air Hotel** €€ <005>

Adressen

Adressen mit Straßennamen und Hausnummern, im Westen ein integraler Bestandteil jeder Anschrift, sind auf den Seychellen eher die Ausnahme.

Viel häufiger benennt die Adresse nur die weitläufige Bucht, an der bzw. in deren Nähe sich das Haus, Restaurant oder Hotel befindet. Selbst in den wenigen Städten der Seychellen gibt es nur selten Hausnummern.

Dies ist de facto jedoch so gut wie nie ein Problem, da Einheimische eigentlich immer wissen, wer wo wohnt und man nach dem Weg fragen kann.

Preiskategorien

Restaurants
Die Preise gelten für ein Hauptgericht mit Nachspeise und Getränk.

€	bis 12 Euro
€€	bis 25 Euro
€€€	ab 25 Euro

Hotels
Um dem Leser eine Vorstellung zu vermitteln, wie teuer die in diesem Buch vorgestellten Unterkünfte sind, wurden sie in Preisklassen unterteilt. Die Preise gelten jeweils für ein Doppelzimmer ohne Frühstück. Für ein Einzelzimmer zahlt man in der Regel 70 % des Preises für ein Doppelzimmer.

€	bis 120 Euro
€€	bis 200 Euro
€€€	bis 300 Euro
€€€€	bis 400 Euro
€€€€€	über 400 Euro

Vorwahlen

❯ Seychellen: 00248 (Städtevorwahlen gibt es nicht.)
❯ Deutschland: 0049
❯ Österreich: 0043
❯ Schweiz: 0041

DIE SEYCHELLEN IM ÜBERBLICK

Einführung

Die Seychellen sind der zur Realität gewordene Traum vom paradiesischen Tropenurlaub. Wie eine Märchenwelt präsentieren sich die insgesamt 115 Inseln dem Besucher. Urwälder mit einer atemberaubenden Vielfalt an Blumen, Pflanzen und seltenen Tier- und Vogelarten, fast schon kitschig-schöne Palmenstrände mit puderfeinem Sand und pittoresken Granitfelsen, eine faszinierende Unterwasserwelt, ein ganzjährig angenehmes Klima und die freundlichen, zurückhaltenden Einheimischen machen die Inseln zu einem der letzten Paradiese unserer Erde. Und das Beste daran – trotz all dieser Superlative sind die nach dem französischen Seeoffizier Jean Moreau de Séchelles benannten Inseln noch weit davon entfernt, überlaufen zu sein.

Neben dem hohen Preisniveau hat das sicherlich auch mit der abgeschiedenen Lage im Indischen Ozean zu tun. Egal ob von Europa, Asien oder Afrika kommend, die Seychellen verstecken sich wie kleine Juwelen in den Weiten des Indischen Ozeans und haben gerade deshalb ihre scheinbar unberührte Schönheit bis heute zum großen Teil bewahren können. In den letzten Jahren scheinen jedoch immer mehr Touristen den einzigartigen Reiz dieser „Inseln des Überflusses", wie der ehemalige französische Gouverneur sie einstmals nannte, zu entdecken. Dem gestiegenen Touristenaufkommen nachkommend, sind viele neue Flugrouten eröffnet worden, die die Anreise von Europa (s. S. 108) wesentlich erleichtern.

Schon seit vielen Jahrzehnten ist die Hauptinsel **Mahé** (s. S. 19), auf der gut 80 % der gerade einmal 95.000 Einwohner der Seychellen wohnen, touristisch sehr gut erschlossen. Ob man nun in einem Luxusresort an einem der Bilderbuch-

◁ *Vorseite: Einheimischer am Anse Source d'Argent* 62

◸ *Aussicht von der Sans-Souci-Straße* 31

strände logiert, die köstliche einheimische Küche in einem der fast immer äußerst pittoresk und romantisch gelegenen Restaurants probiert oder die Insel aktiv beim Wandern, Tauchen oder Windsurfen erlebt – Mahé bietet eine vielfältige Palette an Erholungsmöglichkeiten.

Kaum 50 km nordöstlich liegt die Nachbarinsel **Praslin** (s. S. 59). Sie wirkt ein bisschen wie die kleinere Schwester von Mahé. Auch sie lockt mit Postkartenstränden und tropischer Natur im Inselinneren und bietet eine große Auswahl an Unterkünften. Insgesamt ist sie nicht nur in der Tat wesentlich kleiner als Mahé, sondern alles wirkt auch etwas gemütlicher und langsamer.

Bei der Ankunft auf der nur eine halbe Fährstunde von Praslin entfernten Insel **La Digue** (s. S. 75) hat man das Gefühl, in ein Gemälde von Paul Gauguin einzutauchen. Prototyp des Südseetraumes sind hier die fast schon unverschämt schönen Strände – noch einmal einen Tick weißer, die Natur noch verschwenderischer in ihrer bunten Vielfalt und die Einheimischen noch relaxter. Das Ganze wird versüßt durch ein Ambiente, in dem es kaum Autos gibt und fast alle Touristen die Insel per Fahrrad oder zu Fuß erkunden. Im Gegensatz zu luxuriösen Resorts locken kleine Hotels und Pensionen vornehmlich Individualreisende an.

Bei aller Unterschiedlichkeit ist den drei genannten Inseln gemeinsam, dass sie **kaum Nachtleben** bieten. Diskotheken, Bars und Shoppingmalls sind hier so gut wie unbekannt. Man hat fast den Eindruck, dass die Seychellois, die Bevölkerung der Seychellen, schlicht und einfach glücklich im „Hier und Jetzt" sind.

Das **süße Nichtstun** hat auf den Inseln im Indischen Ozean seine perfekte Heimat gefunden. Am besten, wir nehmen uns ein Beispiel an ihnen, lassen die Seele baumeln und tauchen ein in eine tropische Wohlfühloase, in der die von Hast und Anspannung geprägte Effizienzwelt des Westens immer noch Lichtjahre entfernt zu sein scheint.

Inselsteckbrief

- **Name:** *The Republic of Seychelles*
- **Hauptstadt:** *Victoria*
- **Fläche:** *115 Inseln mit einer Landfläche von 452 km², Segelfläche 390.000 km²*
- **Bevölkerung:** *knapp 95.000*
- **Lebenserwartung:** *72 Jahre*
- **Analphabetenquote:** *8 %*
- **Hauptsprachen:** *Kreol, Englisch, Französisch*
- **Hauptreligion:** *Katholizismus*
- **Währung:** *Seychellen-Rupie (SR)*
- **Zeitzone:** *MEZ + 3 Std.*
- **Landesvorwahl:** *+248*

Die Flagge der Seychellen

Wassersport- und Outdooraktivitäten

Baden

Alle drei Hauptinseln der Seychellen sind von zahlreichen **Buchten**, sprich *Anse*, umgeben. Sie sind derart charakteristisch, dass jede ihren eigenen Namen hat und bei der Adressangabe häufig nur die *Anse* mit dem jeweiligen Namen verwandt wird. Etwas verwirrend ist, dass manchmal auch die dort gelegenen Hauptorte den gleichen Namen tragen – so zum Beispiel bei der Grand' Anse auf Praslin, die anders als alle anderen ohne „e" am Ende geschrieben wird.

Egal in welchem Hotel man auf einer der drei in diesem Buch beschriebenen Inseln wohnt – fast immer ist man nur ein paar Gehminuten vom **Indischen Ozean** entfernt, auch wenn man nicht direkt am Strand wohnt. Schwimmen im glasklaren, türkisfarbenen und mit ganzjährigen Temperaturen um die 25–30 °C herrlich warmen Wasser ist ein wahres Vergnügen.

Viele Strände fallen allerdings sehr flach ab, weshalb man weit hinauslaufen muss, um tatsächlich den Grund unter den Füßen zu verlieren. Gerade dadurch ist das Meer auf den Seychellen aber sehr kinder- und nichtschwimmerfreundlich. Dort, wo der Küste keine Korallenriffe vorgelagert sind, fällt der Boden steiler ab. An solchen Stellen kann, je nach Inselseite und Jahreszeit, eine kräftige Brandung herrschen. Besonders hier sollte man sich vor **Unterwasserströmungen** (s. S. 48) in Acht nehmen und auf jeden Fall Warnschilder beachten, wo immer sie aufgestellt sind. Jedes Jahr verlieren zahlreiche Touristen ihr Leben durch Ertrinken!

Die **besten Badestrände** auf Mahé sind die Buchten an der Ostseite der Beau-Vallon-Bay ⓯, der Strand im Süden der Bucht zwischen April und Oktober sowie Anse Intendance ㉔, Anse à la Mouche ㉗ und Anse Soleil von Oktober bis April. Auf Praslin sind die Strände Anse Lazio ㊻, Anse Georgette und Anse Kerlan ⓾ von April bis Oktober zu empfehlen und ganzjährig die Anse Volbert bei Côte d'Or ㊹. Auf La Digue sind es die Strände Grand' Anse ㉓, Petite Anse und Anse Cocos ㉔ von Oktober bis April und natürlich die legendäre und unverwechselbare Anse Source d'Argent ㉒.

Golf

Mahé und Praslin verfügen über je einen Golfplatz. Der **Seychelles Golf Club** unweit der Hauptstadt Victoria ist ein Neun-Loch-Golfplatz. Grund-

◰ *Die Kinder wissen das traumhafte Wasser zu schätzen*

sätzlich ist keine Anmeldung erforderlich, doch an Wochenenden kann der Platz wegen Turnieren zuweilen für den öffentlichen Verkehr gesperrt sein.

Sehr attraktiv und im zweiten Teil anspruchsvoll ist der 18-Loch-Golfplatz des **Lemuria Resort** (s. S. 70) auf der Insel Praslin. Während Hotelgäste keine Greenfee bezahlen müssen, zahlen Gäste inklusive Golfcart um die 100 €.

> **Seychelles Golf Club** <001> PO Box 2095, Anse aux Pins, Tel. 4376234, www.sgc.sc, geöffnet: tgl. 8.30–18 Uhr
> **Lemuria Golf Resort** <002> Tel. 4281281, www.lemuriaresort.com, geöffnet: tgl. von 7–19 Uhr

Tauchen

Unter Kennern gelten die Seychellen als eines der zehn schönsten Tauchgebiete der Erde. Ganzjährig kann man hier in herrlich klarem Wasser und in Regionen tauchen, die vom Massentourismus so gut wie gar nicht berührt sind.

Bedingungen und Wetter: Die Wassertemperatur liegt das ganze Jahr zwischen 25° und 30°C. Nur bei den Äußeren Inseln gibt es durch steile drop-offs kühlere Wassertemperaturen mit ausgeprägten Thermalschichten.

Die Seychellen können das ganze Jahr über betaucht werden. Optimal sind die Verhältnisse von September bis Mitte Dezember und von März bis Mitte Mai. Dies ist zwar die heißeste Zeit, aber die Sicht beträgt manchmal mehr als 30 Meter.

Im **Dezember und Januar** bläst der Nordwestwind. Die Bedingungen sind zwar nach wie vor gut, doch stärkerer Wellengang und örtlich begrenzte Sichtverhältnisse müssen in Kauf genommen werden. Von Mai bis September herrschen stärkere Südostwinde vor und die Sichtverhältnisse sind zum Teil eingeschränkt. Das Wasser ist dann mit ca. 25 °C am „kühlsten".

Meist wird in der Umgebung von Mahé, Praslin, La Digue und Marianne getaucht. Die imposanten Granitblöcke dieser **Tauchreviere** bieten einen vielfältigen marinen Lebensraum und die Felsen sind mit bunten Schwämmen, Weich- und Hartkorallen bedeckt.

Bei fast jedem Tauchgang sieht man Muränen, Karett- oder Grüne Schildkröten, Büffelkopf-Papageifische, Langusten, Stachelmakrelenschwärme, viele Adlerrochen, riesige Stachelrochen, große Zackenbarsche, Barrakudas und natürlich Doktorfische und Riffbarsche in allen Variationen.

Ab September, in der besten Zeit für Taucher, kann man **Walhaie** erspähen, die „sanften Riesen der Unterwasserwelt". Zu jener Zeit finden sich jedoch auch Mantas, Grauhaie, Weiß- und Schwarzspitzen-Riffhaie ein.

Die Tauchtiefen reichen normalerweise von 8 bis 20 m nahe den Inseln und bis zu 40 m weiter außerhalb. **Ausrüstung** kann überall ausgeliehen werden und ist in gutem Zustand. Individuelle Ausrüstung und Batterien für Tauchcomputer sollte man aber von zu Hause mitbringen.

Die **Tauchbasen** auf den Seychellen bieten Tauchgänge für alle Interessenten: vom Anfänger bis zum Divemaster. An vielen Hotelresorts sind Tauchbasen angeschlossen. Daneben gibt es noch eine Reihe unabhängiger Anbieter, deren Adressen in den jeweiligen Kapiteln genannt werden. Die Preise für einen Tauchgang variieren je nach Entfernung vom Festland zwischen 40 bis 60 €.

Viele Veranstalter bieten zusätzliche Aktivitäten wie BBQs oder Picknicks an einem kleinen versteckten Strand an, wo man entspannen und Tauchergeschichten austauschen kann. Andere offerieren spannende Nachttauchgänge im mondbeleuchteten Ozean. Es lohnt sich, Tauchgänge mit solchen Zusatzaktivitäten zu kombinieren, da sie den Erlebniswert bereichern.

Windsurfen

Zum Windsurfen sind die stärkeren Winde während des Südostmonsuns von Mai bis September ideal, wenn die mittlere Windgeschwindigkeit 12 bis 15 Knoten beträgt und zur Hochsaison im Juli und August sogar auf bis zu 25 Knoten ansteigt. Einige Hotels und unabhängige Anbieter auf Mahé verleihen Bretter. Genannt sei hier das Leisure Sports beim Coral Strands Hotel in Beau Vallon, dem bei Windsurfern beliebtesten Strand auf den Seychellen.

Besonders anspruchsvolle Windsurfer können auch das eigene Surfboard von zu Hause mitbringen. Die verschiedenen Fluggesellschaften bieten unterschiedliche Konditionen für die Mitnahme von Sportgepäck an.

› **Aquatic Sports Centre** <003> direkt neben dem Beau Vallon Bay Hotel, Mahé, Tel. 2594367, geöffnet: 10–16 Uhr
› **Leisure Sports** <004> beim Coral Strands Hotel, Beau Vallon Bay, Mahé

Wellenreiten

Wellenreiten (Surfen) ist auch vor Mahé, Praslin und La Digue ein beliebter Zeitvertreib, jedoch muss dort besonders auf Strömungen und Unterwasserriffe geachtet werden. Surfer sollten auf jeden Fall eigene Bretter mitbringen, da kein Verleih vorhanden ist. Gute Surfreviere auf Mahé sind Grand' Anse, Anse aux Poules Bleues und Carana Bay ⑬ zwischen Mai und September und

Soleil d'Or zwischen November und Mai. Außerdem empfehlenswert sind Anse Kerlan ㊾ auf Praslin und Grand' Anse auf La Digue.

Wandern

Schwitzen, schnaufen, sich anstrengen, Wanderschuhe schnüren und sich ins Unterholz begeben, anstatt faul am Traumstrand einen Cocktail schlürfen und die Traumaussichten genießen? Klingt nicht gerade verlockend – ist es aber! Die Seychellen eignen sich für all jene, die mehr wollen als nur am Strand zu liegen, hervorragend zum Wandern.

Es gibt sicherlich nur wenige Reiseziele in den Tropen, in die man zum Badeurlaub am Strand reist und in denen es sich trotzdem lohnt, zusätzlich die Wanderstiefel einzupacken. Die Seychellen bieten sich geradezu ideal zum Erkunden des fast gänzlich unbewohnten Landesinneren an, das von tropischer Natur gekennzeichnet ist. Man findet tolle Aussichten und zwischendurch eine Abkühlung an traumhaften, einsamen Badebuchten. In geringer Entfernung von Hotels und Wohnsiedlungen gelangt man schnell in einen urwüchsigen Dschungel. Zudem kann man sich trotzdem sicher fühlen, weil es keine giftigen oder gefährlichen Tiere oder Pflanzen dort gibt. Anders gesagt: Die Seychellen wollen erwandert und erfaulenzt werden.

Um das Wandern jedoch auch in vollen Zügen genießen zu können, bedarf es einer Reihe von **Vorbereitungen:** Um die höchsten Tagestemperaturen zu vermeiden, empfiehlt es sich, früh aufzubrechen. Die Berge sind dann oft noch nebelverhangen, und auch der Wald spendet Schatten, sodass es hier deutlich kühler ist als am Strand.

In diversen Unterkünften oder Informationszentren gibt es gegen eine geringe Gebühr die kleinen, englischsprachigen Wanderführer „Nature Trails" and „Walks in Seychelles", verfasst von den Biologen Katy Beaver und Lindsay Chong-Seng, die die meisten Wege mitgeplant haben. Diese kleinen Hefte dienen nicht nur der Orientierung, sondern erläutern auch ausführlich die großen und kleinen Sehenswürdigkeiten am Wegesrand.

Rutschfeste Schuhe sind nicht nur bei Feuchtigkeit unabdingbar. Empfehlenswert ist auch das Tragen einer

Segelboote, Paddelboote oder Motorboote können wie hier am Port Launay ㉙ überall gemietet werden

> **EXTRAINFO**
>
> **Nicht auf eigene Faust wandern**
>
> Es ist möglich, die Bergwelt der Seychellen auf eigene Faust zu erkunden, doch wenn man sicher gehen will, nicht zu verlaufen, sollte man sich einem erfahrenen einheimischen Bergführer anvertrauen. Viele selbst der populären Wanderwege auf den Seychellen sind überwuchert und nur schwer zu finden.
>
> Deshalb empfehle ich ausdrücklich alle in diesem Reiseführer beschriebenen **Wanderungen nur unter der Leitung eines inselkundigen Führers** zu unternehmen!
>
> Eine geführte Bergwanderung hat zudem den Vorteil, dass man Erklärungen zu Tieren und Pflanzen erhält, die man allein möglicherweise gar nicht wahrgenommen hätte. Tour Guides vermittelt das Fremdenverkehrsamt vor Ort oder das jeweilige Hotel bzw. die Pension.

Das Paradies vor dem Ausverkauf

Beim Reisen auf den Seychellen tritt dem Urlauber ein sauberes, gepflegtes Land gegenüber. Gedankenlos weggeworfene Plastiktüten oder andere Art von Abfällen entlang des Straßenrandes sieht man so gut wie nie.

Umweltschutz genießt auf den Seychellen oberste Priorität. Und das bereits seit vielen Jahrzehnten. Die Seychellen waren eines der ersten Länder der Erde, in denen der Umweltschutz nicht nur Teil der Verfassung wurde, sondern ein eigenes Ministerium zum Schutz der Natur eingerichtet wurde. Das war im Jahr 1984 und damit ein Jahr früher als in Deutschland. Fast 60 % der gesamten Landesfläche stehen unter Naturschutz.

Das Thema der Bewahrung der einheimischen Natur ist selbstverständlicher Bestandteil der schulischen Ausbildung. Zeitungen und Fernsehen berichten fast täglich über umweltrelevante Themen und bei Gesprächen mit Einheimischen stellt man schnell fest, dass es den Seychellois ernst ist mit dem Thema. Bunte Schilder mit Aufschriften wie: „Schützt unsere Umwelt" oder „Schützt unsere Unterwasserwelt" finden sich an Schulen und Straßenkreuzungen. Umweltbewusstsein ist hier ein ebenso wichtiges Erziehungsziel wie der Kampf gegen Drogen und Aids.

So wird die Abfallbeseitigung und Entsorgung schon seit vielen Jahren von internationalen Unternehmen und nach internationalen Vorschriften durchgeführt. Auch die bereits auf eine Initiative Mitte der 1980er-Jahre zurückgehende Aufschüttung von künstlichem Land vor der Ostküste von Mahé soll Raum für neue Siedlungen schaffen. Ziel dieser weitsichtigen Maßnahme war es, die Zersiedlung der Berghänge und der damit einhergehenden Gefahr von Erdrutschen vorzubeugen. Auch die Renaturierungen vieler kleiner vorgelagerter Inseln wie Cousin 50, Cousine 51, Bird und Silhouette zeigen, dass Umweltschutz nicht nur ein Lippenbekenntnis, sondern ein fester Bestandteil der lokalen Politik ist.

So ist es denn auch kein Zufall, sondern seit vielen Jahrzehnten ein von der Regierung angesteuertes Ziel, dass die Inselgruppe ein Vorreiter in Sachen Ökotourismus ist. Obwohl die Seychellen nicht gerade zu den reichen Ländern dieser Erde gehören, haben sie dem Massentourismus bisher entsagt und sorgen mit Bauvorschriften sowie Auflagen für Abwasser- und Müllentsorgung dafür, dass die natürlichen Schätze der Inselwelt geschützt werden. Neue Hotels müssen bei der Strom- und Wasserversorgung die Einhaltung des EU-Standards nachweisen. Endemische Tier- und Pflanzenarten werden streng geschützt. So betreiben viele Hotels ein eigenes Schutzprogramm für Meeresschildkröten. Viele kleinere Inseln dürfen, wenn überhaupt, nur noch mit Zubringerbooten angefahren werden, um so die ursprünglich von den europäischen Eroberern eingeführte Rattenplage auszumerzen.

Mit Erfolg – gelten doch zum Beispiel die Praslin vorgelagerten Inseln Cousin 50, Cousine 51 und Curieuse 52 als rattenfrei. Im Übrigen wurden diese wie weitere Eilande durch gezielte Renaturierungsmaßnahmen in ihren ursprünglichen Zustand zurück-

Das Paradies vor dem Ausverkauf

versetzt, nachdem sie zuvor von den Kolonisatoren als reine Kokosplantagen genutzt wurden (s. S. 102).

Bei allen bemerkenswerten Anstrengungen dieser kleinen und im internationalen Vergleich immer noch rückständigen Nation gibt es auch Grund zur Sorge. Dabei droht die Gefahr genau aus jener Ecke, welche die Regierung seit Jahrzehnten durchaus zu Recht als Aushängeschild ihrer vorbildlichen Umweltpolitik anpreist – dem Tourismus.

So lobenswert die über die letzten Jahrzehnte gemachten Gesetze und Vorschriften beim Bau neuer Hotels auch sind – der sich bereits jetzt abzeichnende Boom in der Tourismusindustrie gefährdet alles bisher Erreichte. Die vorhergesagten Zuwachsraten im Besucheraufkommen von zurzeit jährlich gut 350.000 auf 400.000 Touristen in den nächsten Jahren sind atemberaubend – oder sollte man besser sagen besorgniserregend. Denn so streng die Auflagen für all diese Unterkünfte auch sein mögen – für den Bau der 50 neuen Luxusresorts, welche über die nächsten zwei Jahre geplant sind, wird zwangsläufig immer mehr natürlicher Lebensraum zerstört werden. Neue, breitere Straßen, mehr Autos und neue Einkaufszentren sind nur einige der Belastungen, die auf die winzig kleinen Inseln und ihre Bewohner zukommen. Viele Einheimische fragen sich schon jetzt besorgt, ob der dadurch entstehende Zivilisationsdruck noch mit ihren traditionellen Werten von Umweltschutz und zeitlosem Lebensrhythmus in Einklang zu bringen ist.

◩ *Unberührte, überbordende tropische Natur ist auf den Seychellen (noch) überall zu bestaunen*

langen Hose. Das mag angesichts der hohen Temperaturen wenig angenehm erscheinen, doch die Beine werden es einem aufgrund des Unterholzes und der zum Teil dornigen Büsche danken.

Sonnenschutzmittel, Sonnenhut und Trinkflasche sind angesichts der sengenden Sonne und dementsprechend tropischen Temperaturen unverzichtbarer Bestandteil der Ausrüstung. Es ist wichtig, dass man während der Wanderung so viel wie möglich trinkt, damit der Körper nicht austrocknet. In den mitgeführten Tagesrucksack sollte auch eine **Taschenlampe** und ein **Kompass** für den Fall Platz finden, dass man sich verläuft oder nach Sonnenuntergang zurückkehrt. Um dies zu vermeiden, empfiehlt es sich, auf jeder Wanderung eine rechtzeitige Umkehrzeit zu vereinbaren.

Schließlich sollte ein kleiner Proviant nicht fehlen. Abgesehen davon, dass der Körper mit Energie versorgt werden muss, bieten sich entlang des Weges immer wieder wunderbare Aussichtspunkte zur Brotzeit und zum Verweilen an.

Also: Wanderschuhe an, Trinkflasche und Proviant in den Rucksack, Sonnenhut auf und los geht's!

Wasserski/Jetski

Einzig an der Beau Vallon Bay ⓯ auf Mahé ist motorisierter Wassersport erlaubt. Bei den dort ansässigen Hotels Berijaya Beau Vallon Bay und Coral Sands können Angebote für Wasserski, Jetski und Bananenreiten gebucht werden. Durch die Konzentration dieser lärmenden Sportarten möchte man einerseits der Nachfrage nach solchen Aktivitäten Rechnung tragen, andererseits aber auch das Bedürfnis nach Ruhe der anderen Urlauber berücksichtigen.

Eine Wanderung durch das Innere einer Insel lohnt sich in jedem Fall

HAUPTINSEL MAHÉ

Überblick

Die nach dem französischen Kolonialbeamten Mahé de Bourbonnais benannte Insel ist so etwas wie der Klassenprimus unter den 115 Inseln der Seychellen. Sie ist nicht nur die mit 155 km² größte Insel, sondern hier wohnen auch mit rund 80.000 Menschen gut 80 % der Gesamtbevölkerung des Inselarchipels.

Gut ein Drittel davon leben in der **Hauptstadt Victoria**, der einzigen wirklich erwähnenswerten Stadt auf den Seychellen. Sie beherbergt den internationalen Flughafen (s. S. 108), sowie die einzige Universität des Landes. Im internationalen Rahmen sind beide dann jedoch auch wieder winzig klein – kein Grund also, sich nun auf einmal im Ruhme all der Superlative zu sehr aus dem Fenster zu lehnen.

Das tun die Seychellois jedoch auch gar nicht, dazu sind sie viel zu bescheiden. Im Übrigen kann die Insel für sich dennoch sehr zu Recht internationale Spitzenwerte, ja Weltklasse-Status in Anspruch nehmen. Nämlich dann, wenn man die überbordende Natur und die einzigartige Schönheit als Maßstab nimmt. Schon die ersten Siedler waren von ihrer natürlichen Schönheit derart eingenommen, dass sie sie voller Ehrfurcht „Insel des Überflusses" (Isle d'Abondance) nannten. Die die Insel umlaufenden, schneeweißen Strände sind fast schon zu kitschig-schön, um wahr zu sein; und die tropische Natur mit ihrer einzigartigen Fauna und Flora im gebirgigen Inselinneren könnte geradezu aus einem Dschungelbuch stammen.

Kein Wunder also, dass der Großteil der internationalen Besucher Mahé als Ausgangs- und meist auch Hauptstandort ihres Seychellen-Urlaubs wählen. Dementsprechend gibt es eine sehr gute touristische Infrastruktur, wobei die beliebtesten Strände im Norden und Osten der Insel liegen. Der tiefe Süden ist fast gar nicht erschlossen, während sich an der äußerst attraktiven Südwest- und Westküste die touristische Entwicklung speziell durch die Eröffnung einiger Luxusresorts deutlich zugenommen hat. Der türkisfarbene Ozean mit seinen Korallenriffen und einer faszinierenden maritimen Welt ist geradezu ideal zum Schwimmen, Schnorcheln und Tauchen. Die Postkartenstrände wiederum laden zum süßen Müßiggang ein. Das ideale Kontrastprogramm hierzu bildet das ebenso gebirgige wie dichtbewachsene Inselinnere. Selbst Wandermuffel sollten hier zumindest einmal während ihres Urlaubs die Wanderschuhe schnüren und entlang wunderschöner Pfade umgeben von duftenden Blumen und riesigen Tropenbäumen die tollen Aussichten auf die Buchten und umliegenden Inseln genießen.

So hat der Klassenprimus seinen Ruf als Tropeninsel per excellence wahrlich verdient, bietet er doch vom faulen Nichtstun über faszinierende Tauchgänge bis zum schweißtreibenden Wandern inmitten tropischen Urwalds alles, was man sich nur wünschen kann.

▷ *Insel-„Metropole": Victoria*

◁ *Vorseite: Mahé bietet auch viele abgeschiedene Buchten*

Hauptstadt Victoria

Klein, überschaubar, gemütlich, unspektakulär, sympathisch, charmant – das sind wohl die von Touristen am häufigsten genannten Attribute für die Hauptstadt der Seychellen.

Victoria, die mit ihren 28.000 Einwohnern mit Abstand bevölkerungsreichste Stadt der Seychellen ist eine der provinziellsten Hauptstädte der Erde. Schnellstraßen, Menschenmassen, Hektik und Lärm wird man hier ebenso vergebens suchen wie Reklameschilder, Einkaufszentren und ein ausgeprägtes Nachtleben. Dafür empfängt den von westlicher Hektik geprägten Touristen eine Stadt, in der das Bummeln der Einheimischen den Rhythmus vorgibt. Victoria ist so ziemlich das genaue Gegenteil von spektakulär. Es ist provinziell-charmant und davon sollte man sich anstecken lassen.

❶ Selwyn Selwyn Clarke Market ★★★ [D3]

Beginnen wir unseren Stadtrundgang dort, wo das einheimische Herz der Stadt schlägt. Genauer gesagt am Sir Selwyn Selwyn Clarke Markt inmitten der Altstadt. Der Mitte des 20. Jh. von einem britischen Kolonialbeamten gegründete und etwas kompliziert nach ihm benannte offene Markt unterteilt sich in zwei Stockwerke. Während im **Obergeschoss** ein kleines Café/Restaurant und mehrere Souvenirläden auf die vornehmlich westliche Kundschaft warten, geht es im Erdgeschoss wesentlich authentischer zu. Hier bieten Händler ihre frischen Waren an. Besonders fotogen sind dabei die **Stände der Fischer**, die ihre in der Nacht vor der Küste gefangene Ware auslegen. Die fein säuberlich aufgereihten Red Snapper, Barsche, Thunfische und Makrelen sind

22 Hauptstadt Victoria

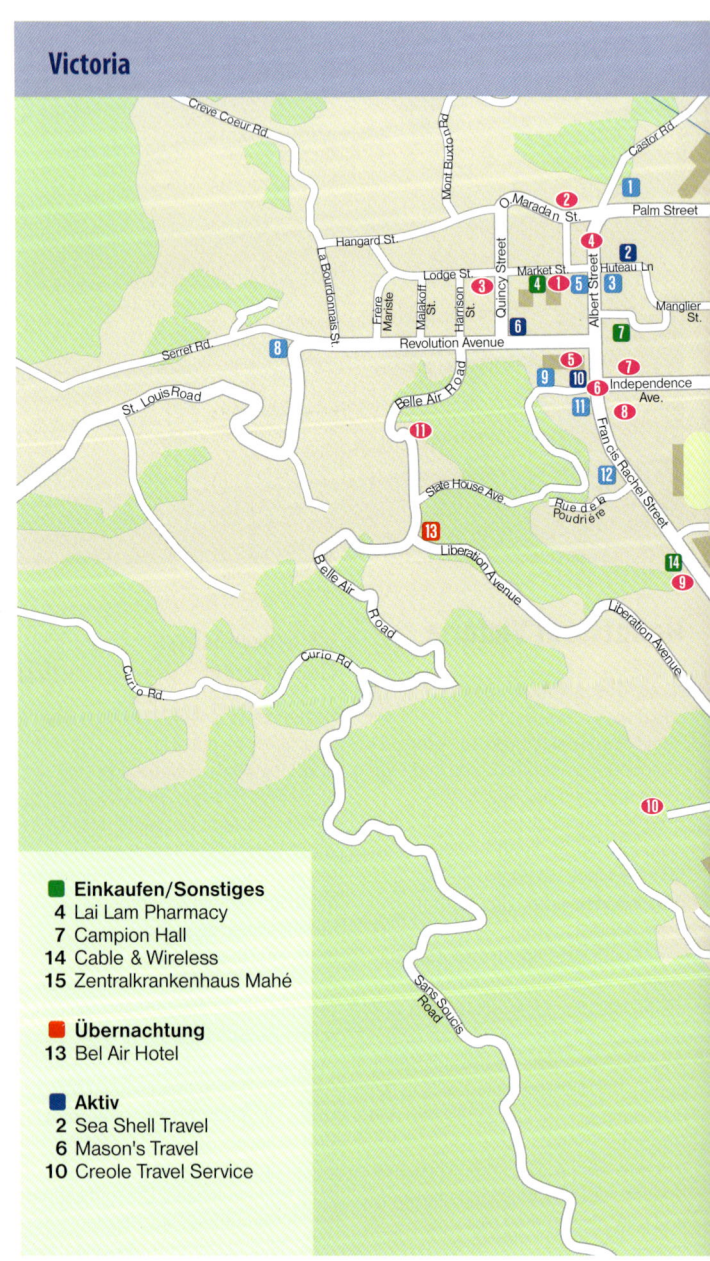

Einkaufen/Sonstiges
4 Lai Lam Pharmacy
7 Campion Hall
14 Cable & Wireless
15 Zentralkrankenhaus Mahé

Übernachtung
13 Bel Air Hotel

Aktiv
2 Sea Shell Travel
6 Mason's Travel
10 Creole Travel Service

Hauptstadt Victoria

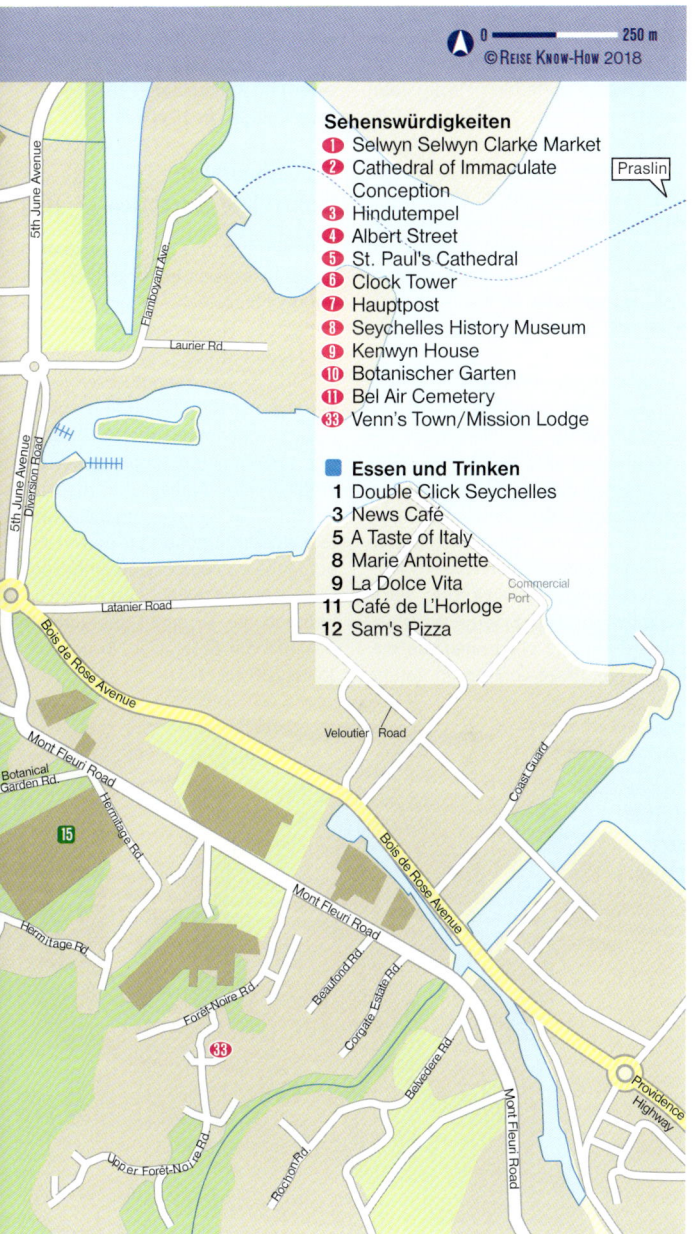

dabei jedoch nicht nur bei den Einheimischen, sondern auch bei den auf den Verkaufsständen ständig auf ihre Chance wartenden Fischreihern begehrt.

Die vor dem Markt verlaufende Market Street dient als eine Art Verlängerung des offiziellen Marktes. An dieser verkehrsberuhigten Straße haben sich vornehmlich die Obst- und Gemüsehändler aufgereiht. Besonders lebhaft geht es hier früh morgens und am Samstag, dem Hauptmarkttag, zu.

Hat man die Atmosphäre in und um den Markt in sich aufgenommen, lohnt ein Gang durch die Gassen der Altstadt. Beim Stöbern durch das Warenangebot der in alten **Kolonialgebäuden** angesiedelten Gemischtwarenläden kommt man sich zuweilen vor, als ob die Zeit in den letzten Jahrzehnten angehalten worden wäre. Viele der Textilien, Spielzeuge, Haushaltsgeräte und elektronischen Waren in den meist von Indern geführten Geschäften machen den Eindruck aus einem Kaufhaus des Westens von vor 30 Jahren: ideal für Schnäppchen- und Antiquitäten-Fans.

› Geöffnet: Mo–Sa 10–18 Uhr

❷ Cathedral of Immaculate Conception ★ [D3]

Von der nördlich verlaufenden Church Street bietet sich ein hübscher Blick auf die noch viel koloniales Flair vermittelnden Häuserfassaden entlang der Market Street.

Am Ende der Church Street befindet sich mit der Cathedral of Immaculate Conception, die Kathedrale der Unbefleckten Empfängnis, die größte Kirche Mahés. Die imposante, auf einer kleinen Anhöhe erbaute Kathedrale gehört zu den ersten auf Mahé errichteten Gotteshäusern. Die aufwendig restaurierte Kirche beherbergt das **Grabmal** des einzigen Bischofs der Seychellen. Er starb im Jahre 2001.

❸ Hindutempel ★★ [D3]

Weniger schlicht und streng, dafür bunt und fröhlich kommt der **Arul-Mihu-Navasakhi-Vinayagar-Tempel** daher.

Der kaum 200 Meter westlich vom Markt gelegene einzige Hindutempel der Seychellen, stammt aus dem Jahr 1992. Sein hoch aufragendes, mit unzähligen ebenso lebensvollen wie knallbunten Götterfiguren durchsetztes Eingangstor weist ihn bereits von Weitem als typisch südindischen Tempel aus. Über dem Eingangstor ist die von zwei Elefanten mit Wasser besprühte Göttin des Wohlstandes Lakshmi zu erkennen – ein untrügliches Zeichen, dass der Tempel von Geldern der hier ansässigen indischstämmigen Kaufleute finanziert wurde. Im Inneren tritt dem Besucher die ganze Vielfalt indischen Lebens entgegen: Gerüche von Kampfer, Räucherstäbchen und das Schlagen der Tempelglocke vermischen sich mit dem Anblick von wohlgenährten Brahmanenpriestern und in Saris gekleideten Gläubigen. Im Zentrum der Verehrung steht beziehungsweise sitzt der drollige Elefantengott Ganesha.

❯ Geschlossen 12–17 Uhr

❹ Albert Street ★★ [D3]

Nach weniger als 100 Metern ist man wieder zurück in der Market Street, welche an ihrem östlichen Ende an die Albert Street stößt. Benannt wurde sie nach dem Mann von Queen Victoria. Diese alte Flanierstraße ist bis heute die **Haupteinkaufsstraße**, an der sich die meisten Kolonialgebäude und Regierungseinrichtungen reihen. Im Übrigen verbindet sie die Altstadt mit der von den Briten geprägten Neustadt und weiterführend mit dem Nobelviertel Mont Fleuri. Vorbei an einem kleinen Supermarkt, schicken Geschäften, Geldwechselstuben und Bankgebäuden geht es zur Einmündung in die Revolution Avenue, deren südwestliche Ecke die hübsch restaurierte St. Paul's Cathedral einnimmt.

◸ *Knallbunt und hochinteressant: der Hindutempel von Victoria*

◁ *Catch me if you can - Fischreiher beim Stibitzen auf dem Markt von Victoria*

Hauptstadt Victoria

❺ St. Paul's Cathedral ★ [D3]

Die bedeutendste anglikanische Kirche der Seychellen geht auf das Jahr 1850 zurück, als sie von dem ersten anglikanischen Bischof von Mauritius eingeweiht wurde. Die Seychellen waren zu jener Zeit noch unter der Verwaltung der über 1000 km weiter südlich gelegenen Insel. Das nach dem Apostel Paulus benannte Gotteshaus wurde seither zwei Mal ausgebaut. Der Kirchturm stammt aus dem Jahre 1910.

Auf der gegenüberliegenden Seite erinnert eine kleine Einbuchtung mit Erklärungstafel und historischer Aufnahme an den Erdrutsch vom November 1862, der große Teile Victorias verwüstete.

▲ *Victorias Wahrzeichen: der Clock Tower*

❻ Clock Tower ★★ [D3]

Von hier bietet sich auch bereits ein guter Blick auf die bekannteste Sehenswürdigkeit von Victoria – den Clock Tower. Vielleicht liegt es an seiner exponierten Stelle inmitten des Kreisverkehrs an der Kreuzung Independence Avenue/Albert Street ❹, warum dieses im Grunde wenig spektakuläre Bauwerk zum bekanntesten **Wahrzeichen der Stadt** geworden ist. Wahrscheinlich hat es auch damit zu tun, dass der Uhrturm 1903 und damit im gleichen Jahr eingeweiht wurde, als die Seychellen nicht mehr als Provinz von Mauritius, sondern von London direkt regiert wurden. Als Wahrzeichen Victorias ist die verkleinerte Kopie des an der Vauxhaul Road in London nachempfundenen Clock Towers allein schon deshalb treffend, weil sie ebenso provinziell-sympathisch wirkt wie die Hauptstadt selbst. Um den Uhrturm gruppieren sich einige historisch markante Gebäude. Einen schönen und zudem relaxten Überblick auf das Geschehen rund um den Kreuzungsverkehr bietet die Terrasse des Café de L'Horloge (s. S. 30) im 1. Stock des **Victoria House**.

❼ Hauptpost ★ [D3]

Ebenso wie das Victoria House gehört die Hauptpost zu den klassischen Kolonialhäusern. In der Hauptpost kann man unter anderem kleinere Souvenirs, historische Postkarten und Briefmarken kaufen.

Geht man von hier die abzweigende Independence Avenue entlang, passiert man unter anderem das nicht besonders interessante **Museum of Natural History**.

Auf der anderen Straßenseite wird in den nächsten Jahren anstelle des Pirates Arms Restaurants, mit seiner großen Terrasse jahrelang ein In-Treff von Einheimischen und Touristen gleichermaßen, ein großer, teurer **Büro- und Geschäftsneubau** entstehen, ein eindeutiges Indiz dafür, dass nun auch im beschaulichen Victoria die Moderne Einzug hält.

❽ Seychelles History Museum ★★ [D3]

Das an der Ecke von Francis Rachel Street und Independence Avenue stehende historische Gerichtsgebäude soll ab Sommer 2018 das neu eröffnete Seychelles History Museum beherbergen, welches sich bis zu seiner Schließung im Jahre 2016 im Gebäude der National Library befand.

Wer sich für die Geschichte und Kultur der Seychellen interessiert, erhält hier auf überschaubarem Raum einen interessanten **Einblick in die abwechslungsreiche Vergangenheit des kleinen Inselstaates**. Eines der bedeutendsten Objekte des Museums ist jener Stein, auf dem die Franzosen am 1. November 1756 offiziell ihre Besitznahme der Seychellen im wahrsten Sinne des Wortes in Stein meißeln ließen. Was für die Ewigkeit gedacht war, ging nach weniger als 50 Jahren in den Besitz der Briten über.

Der weitere Gang der Geschichte wird anhand von Landkarten, Schiffsmodellen, historischen Aufnahmen und Schautafeln dargestellt. Besonderes Augenmerk wird dabei auf die **Bedeutung der Sklavenwirtschaft** gelegt.

Am Ende des kleinen Rundganges sind unter anderem noch die diversen, seit der Unabhängigkeit mehrfach wechselnden Fahnen der Seychellen und traditionelle Musikinstrumente ausgestellt.

Im Garten des Museums steht eine **Büste von Pierre Poivre** (1719–1786), einem Wegbereiter der französischen Kolonialverwaltung im Indischen Ozean.

› Geöffnet: tgl. 8–16 Uhr, Eintritt: 50 SR

❾ Kenwyn House ★★ [D3]

Der Weg entlang der Francis Rachel Street, die sich im weiteren Verlauf zu einer repräsentativen Straße weitet, führt auf der linken Seite zu einer Reihe von Souvenirständen, die durchaus einen Stopp lohnen. Mit ihren zum Teil recht hübschen, qualitativ hochwertigen Waren heben sie sich wohlwollend von den Massen- und Billigwaren der Geschäfte in der Innenstadt ab.

Auf der gegenüberliegenden Straßenseite findet sich mit dem Kenwyn House eines der schönsten Beispiele originalgetreuer kolonialer Architektur aus dem 19. Jh. **James Henry Brooks** (1863–1941), der erste Bewohner der Villa, war nicht nur der erste Chefarzt der Seychellen, sondern fungierte gleichzeitig für über 20 Jahre als deutscher Konsul der Inselgruppe. Das 2003 aufwendig nach Originalplänen restaurierte Herrenhaus gehört zur exklusiven Liste der „**National Monuments**" der Seychellen. Inzwischen im Besitz einer Juwelenfirma, wird hier exklusiver Schmuck zum Verkauf angeboten.

Im Übrigen findet sich in den Räumen eine ausgezeichnete **Kunstgalerie**, welche auf kleinem Raum einen ausgezeichneten Einblick in die Werke einiger der bekanntesten Maler der Seychellen bietet. Darüber hinaus werden auch Gemälde von internationalen Künstlern ausgestellt, deren Werke die Seychellen als Thema haben.

Schließlich bietet sich das **Café** im tropischen Garten des Hauses als Ort der Ruhe und Entspannung an.

Benannt wurde das Kenwyn House nach einer Ortschaft in Cornwall, von wo die ersten Unterwasserkabel importiert wurden, welche die Seychellen telegrafisch mit der Außenwelt verbanden. Auftraggeber und bis heute die bedeutendste Telefongesellschaft der Seychellen war mit **Cable & Wireless** (s. S. 115) genau jene Firma, deren Haupthaus aus dem Jahre 1893 gleich nebenan steht.

❿ Botanischer Garten ★★ [D4]

Noch einmal ca. 15 Minuten Richtung Süden erreicht man den im Stadtteil Mont Fleuri gelegenen Botanischen Garten. Gleich zu Anfang des an einem recht steilen Hang gelegenen Gartens führt der Weg auf die geteer-

te, den ganzen Garten durchziehende Hauptachse. Flankiert wird sie stilvoll von der Coco de Mer (s. S. 102), dem bekanntesten Baum der Seychellen.

Daneben gibt es alle weiteren endemischen Pflanzen und Bäume der Seychellen zu besichtigen sowie viele weitere, die über die Jahrhunderte eingeführt wurden. Es macht Spaß, sich seinen Weg abseits der geteerten Hauptstraße zu suchen und die ganze Pracht der Feuerbäume, die Größe der Mahagoni- und Brotfruchtbäume und die ausladende Weite des Regenbaumes zu bewundern. Selbstverständlich gibt es auch in einem tiefer gelegten Gehege **Riesenschildkröten** vom Alabra Atoll zu bewundern. Weniger spektakulär dafür äußerst hübsch ist ein im Westen des Parks angelegter Teich mit wunderschönen Wasserlilien und Lotusblumen. Etwas unheimlich dagegen wirken die Hunderte in den Bäumen hängenden **Riesen-Flughunde**, die besonders gegen Sonnenuntergang den Himmel verdunkeln.

Einen zumindest kurzen Blick lohnt noch das nach dem französischen Gouverneur Ende des 18. Jh. benannte Maison Queau de Quincy, das gegenüber vom Eingang des Parks liegt.

Trotz seines offensichtlichen Kolonialstils wurde es erst im Jahr 1990 gebaut und beherbergt das Außenministerium.

> Geöffnet: tgl. 8–17 Uhr, Eintritt 100 SR

Teich mit Wasserlilien im Botanischen Garten von Victoria

⓫ Bel Air Cemetery ★★ [D3]

Kein Ort vermittelt die Anfänge der ebenso turbulenten wie von Mythen und Legenden durchzogenen Geschichte der Seychellen anschaulicher und atmosphärenreicher als der am Rande der Innenstadt gelegene Bel Air Friedhof. Allein der erste Anblick des in parkähnlichen von Palmen, Takamaka-Bäumen und Bambus-Hainen durchsetzten Friedhofes nimmt einen für die Stätte ein. Scheinbar willkürlich sind die Grabsteine, Obelisken und Mausoleen über den an einem Hang gelegenen Ort verteilt.

Obwohl er als der erste Friedhof der Geschichte Mahés überhaupt unter Denkmalschutz steht, sind hier offensichtlich in den letzten Jahrzehnten keinerlei Instandhaltungs-, geschweige den Restaurierungsarbeiten vorgenommen worden. Die vermutlich gewaltsam geöffneten Grüften sind zum Teil offensichtlich geplündert worden, verrostete Kreuze liegen willkürlich entlang des Weges und die Grabsteine sind derart verwittert, dass sie kaum zu lesen sind. Dabei ist es genau jene Atmosphäre der Ursprünglichkeit, die der Anlage ihren ganz speziellen, fast schon mystischen Charme verleiht.

Die Liste der hier Beigesetzten liest sich wie ein „Who is Who" der seychellischen Kolonialgeschichte des 19. Jahrhunderts. Von Pierre-Louise Poiret, dem vermeintlichen Sohn von Ludwig dem XVI., über den Gouverneur Thomas Paton bis hin zu Jean François Hodoul (1765–1835), einem der berühmtesten Seeräuber seiner Zeit.

So historisch bedeutsam jene Personen auch sein mögen, bei den Einheimischen am bekanntesten ist das

> **Preiskategorien Hotels**
> Die Preise gelten jeweils für ein Doppelzimmer ohne Frühstück.
>
> | | |
> |---|---|
> | € | bis 120 Euro |
> | €€ | bis 200 Euro |
> | €€€ | bis 300 Euro |
> | €€€€ | bis 400 Euro |
> | €€€€€ | über 400 Euro |

Schicksal des „Riesen von Bel Air", wie er bis heute ehrfurchtsvoll genannt wird. Der fast 3 Meter hohe Gigant soll mit seiner enormen Größe und Muskelkraft bereits während der Jugend wahrhaft heldenhafte Wundertaten vollbracht haben. Obwohl er wegen seiner zunehmend beängstigenden Taten angeblich von einem einheimischen Magier ins Jenseits befördert wurde, scheint sein nimmermüder Tatendrang dennoch weiterhin Einfluss auf das Seelenleben der älteren Einwohner zu haben. Wie lässt es sich sonst erklären, dass sein Name immer wieder als Strippenzieher ins Spiel kommt, wenn mal wieder ein durch Menschhand oder von der Natur verursachtes Unglück geschieht.

Vielleicht finden Sie ja sein Grab, doch nähern Sie sich ihm nicht zu sehr – Der „Riese von Bel Air" ist unberechenbar …

Unterkünfte

■ **Bel Air Hotel** €€ <005> Bel Air Rd., Tel. 4224416, www.seychelles.net/belair. In der Nähe des State House gelegenes Kolonialhaus. Das Hotel wird von der sympathischen Besitzerfamilie geführt. Wegen seiner erhöhten Lage bieten die insgesamt sieben zweckmäßigen, geräumigen und hellen Zimmer hübsche Ausblicke auf die vorgelagerten Inseln. Der von Hibiskusbäumen geprägte Garten lädt zum Verweilen ein. Der positive Gesamteindruck wird durch die ausgezeichnete einheimische Küche des hauseigenen Restaurants abgerundet.

Essen und Trinken

■ **A Taste of Italy** € <006> Market Street, Tel. 4325545, geöffnet: ab 8.30 Uhr. Ein um die Ecke vom Zentralmarkt in einem unscheinbaren Gebäude befindliches, kleines Café mit – wie der Name vermuten lässt – tatsächlich ausgezeichnetem Kaffee und köstlichem Kuchen. Ideal zum Verschnaufen nach einem schweißtreibenden Innenstadtbesuch.

■ **Café de L'Horloge** €€ <007> Francis Rachel Street (oberhalb der Nouveau Bank), Tel. 323556, geöffnet: Mo-Sa 12-14.30 und 19-13 Uhr. Direkt am Kreisverkehr des Uhrturms gelegenes Restaurant im ersten Stock mit zur Straße offenem Balkon. Dementsprechend gute Aussicht und bei Touristen beliebt. Hübsches Dekor im Inneren und umfangreiche Speisekarte (einheimisch und kreolisch).

■ **Double Click Seychelles** € <008> Palm Street, Tel. 4580119, geöffnet: Mo-Do 7.30-21, Fr-Sa 8-22, So 9-21 Uhr. Speziell bei jüngeren Einheimischen beliebtes Internetcafé und Snack-

> **Preiskategorien Restaurants**
> Die Preise gelten für ein Hauptgericht mit Nachspeise und Getränk.
>
> | | |
> |---|---|
> | € | bis 12 Euro |
> | €€ | bis 25 Euro |
> | €€€ | ab 25 Euro |

bar beim Busbahnhof und damit nur ein paar Hundert Meter von der Innenstadt entfernt. Es gibt gute Snacks und Smoothies.
- **La Dolce Vita** €€-€€€ <010> State House Avenue, Tel. 323333, geöffnet: Mo-Sa 7-22 Uhr. Äußerst gelungenes Restaurant/Café, gleich gegenüber vom Eingang zum State House gelegen. Man hat die Auswahl zwischen verschiedenen Sitzbereichen - Bistrotische draußen, ein luftgekühlter, moderner Innenraum und ein gemütlicher, begrünter Hinterhof. Neben köstlichem italienischem Eis und diversen Kaffees kann man sich an einem reichhaltigen und trotz des gepflegten Ambientes günstigen Buffet laben. Eine exzellente Wahl!
- **Marie Antoinette** €€ <011> Revolution Avenue, Tel. 266222, geöffnet: tgl. 11-15, 17-21 Uhr. Einheimische Küche in typisch kreolischem Ambiente, befindet sich etwas außerhalb an der Straße nach Beau Vallon ⓯. Das in einem hübschen Haus untergebrachte Restaurant serviert nur ein Gericht: eine große Platte aus 10 verschiedenen, typisch kreolischen Fisch- und Fleischspezialitäten, dazu Nachtisch und Kaffee/Tee. Alles macht ein wenig den Eindruck von „Essen wie bei Muttern zuhause" und genau das macht das Restaurant so sympathisch.
- **News Café** € <012> Albert Street ❹ (1. Stock im Trinity House), Tel. 4322999, geöffnet: Mo-Fr 8.30-17, Sa 8.30-15 Uhr. Kleines Café im ersten Stock an der Ecke Market/Albert Street. Genau der richtige Ort, um bei Sandwich und Kaffee eine kleine Pause vom schweißtreibenden Stadtrundgang einzulegen und - wer will - in den ausliegenden Zeitungen zu stöbern. Wer einen Fensterplatz ergattert, kann das bunte Treiben unter sich in aller Ruhe genießen. Das schöne Motto des Cafés lautet: „No Wifi, talk to each other".
- **Sam's Pizza** € <013> Francis Rachel Street, Tel. 4322499, geöffnet: tgl. 11-15, 18-23 Uhr. Ja, richtig geraten: Hier gibt es Pizza und die ist richtig lecker. Was der Name aber nicht vermuten lässt - auch schmackhafte einheimische Gerichte.

Einkaufen

- **Campion Hall** <014> Albert Street ❹, geöffnet: Mo-Fr 9-16, Sa 9-13 Uhr. Direkt im Zentrum liegendes Gebäude mit einer Reihe von eigenständigen Souvenirgeschäften. Das Angebot reicht von aus Kokosnussschale hergestellten Armreifen für ein paar Euro bis zum kunstvollen Modellschiff für fast 1000 €.
- ❾ [D3] **Kenwyn House.** Das stilvoll renovierte Holzhaus ist die beste Adresse für hochwertigen Schmuck und Kunstgemälde der besten Künstler der Seychellen.
- ❶ [D3] **Selwyn Selwyn Clarke Market**, im ersten Stock des Innenstadtmarktes befinden sich eine Reihe von Touristengeschäften, die vornehmlich Kleidung und Schmuck anbieten. Im Erdgeschoss kann man unter anderem Gewürze kaufen.
- › **Straßenstände** auf dem Weg vom Clock Tower ❻ entlang der Francis Rachel Street bieten eine Vielzahl von Souvenirs an.

Mietwagen

Eine kleine Auswahl der über 20 **Mietwagen-Anbieter** in Victoria:
- › **Alpha Rent-a-Car,** JC & P Building, Mahé, Tel. 4373736
- › **Avis/Norman Car Hire,** Victoria House Building, Mahé, Tel. 4224511
- › **Eden's,** Stevenson Delhomme Rd., Mahé, Tel. 4266333
- › **Herz Rent A Car,** Revolution Avenue, Mahé, Tel. 4322447

Der Norden

Die Fahrt von Victoria entlang der Nordspitze zur **Beau Vallon Bay** ⓯, dem touristisch am meisten entwickelten Strand Mahés, beginnt eher unscheinbar mit einer langgezogenen Straße. Danach geht es umso spektakulärer weiter auf einer kurvigen Küstenstraße mit herrlichen kleinen Buchten und tollen Aussichten auf das türkisfarbene Meer.

Am Ende der Route wartet die bekannteste Bucht Mahés. **Kleine, unscheinbare Dörfer** wie Maldive Village, meist mit Kirche, Fußballplatz, Schule und kleinen Läden, reihen sich westlich entlang des Weges. Auf der östlichen Seite versperren einige Inseln, die in den letzten Jahrzehnten mit künstlichen Landaufschüttungen geschaffen wurden, den Blick auf das offene Meer.

⓬ Parfümerie Kreolfleurage ★★ [D2]

Einen ersten Zwischenstopp entlang des Weges lohnt die links der Straße gelegene (Hinweisschild) **Parfümerie Kreolfleurage**. Allein der erste Blick auf das in einem gepflegten Garten liegende Kolonialhaus mit seinen tief heruntergezogenen, strohgedeckten Dächern verzaubert den Besucher.

Im Inneren ist die Parfümmanufaktur, die von der deutschstämmigen Dagmar Ehlert 1988 gegründet und bis heute geführt wird. Hier erfährt man Wissenswertes über den Herstellungsprozess der Parfüme. Selbstverständlich kann man auch Duftnoten der Öle probieren, die aus einheimischen Pflanzen und Hölzern wie Ylang Ylang, Frangipani, Vanille und Takamaka hergestellt werden. Nachdem sie in kleinen Flakons mit Holzummantelung abgefüllt wurden, kann man diese selbstverständlich gleich erwerben.

› www.kreolfleurage.com

⓭ Carana Bay ★ [D1]

Wieder zurück auf der Küstenstraße geht es vorbei an der Carana Bay, die auf den ersten Blick von einer Bauruine in Mitleidenschaft gezogen wurde. Davon sollte man sich aber nicht abschrecken lassen und die Küste dennoch besichtigen, gehören doch die beiden angrenzenden Strände zu echten Geheimtipps.

Der über einen kurzen Pfad zu erreichende **Carana Beach** mit seinen Palmen und wundervollen Granitfelsen ist Seychellen-Feeling pur! Bei ruhiger See kann man hier im Übrigen auch ganz gut baden.

Im Süden an die umzäunte Ruine angrenzend, befindet sich die lange **Anse Nord D'Est**. Obwohl nur einen Steinwurf entfernt, ist sie doch vom Charakter her ganz anders. Sie kommt wilder daher, ist keine Bucht an sich, sondern ein langer, meist windiger, zum Meer hin steiniger Strand mit herrlichem Blick auf den St. Anne Marine National Park (s. S. 54).

⓮ Nordwestküste ★★ [C2]

Die Straße schlängelt sich von hier vorbei am nördlichsten Punkt der Insel (North Point) bis zur Ortschaft **Glacis**. Entlang der steil abfallenden Küste bieten sich immer wieder spektakuläre Aussichten. Die Gegend um Glacis hat sich in den letzten Jahren zu einer Art Beverly Hills von Mahé entwickelt. Angesichts der traumhaften Aussichten (inklusive perfektem Sonnenuntergang) kann es nicht verwundern, dass sich entlang der kleinen Buchten mehrere, meist luxuriöse Bungalowanlagen und Hotels angesiedelt haben. Leider sind dadurch jedoch ehemals für die Öffentlichkeit zugängliche Buchten inzwischen für die Einheimischen gesperrt, was in der Bevölkerung auf zunehmenden Unmut stößt.

Südlich des mondänen Hilton Hotels (s. S. 33) beginnt die hoch oberhalb am Berg liegende **Küstenstraße** zum Meer abzufallen, bis sie bei dem Küstenort Mare Anglaise das nördliche Ende der Beau Vallon Bay ⓯ erreicht.

Unterkünfte

> **Bliss Hotel** €€€€ <015> Glacis, Tel. 4261369, www.bliss-hotel.net. Boutique-Hotel an einer winzigen Bucht unterhalb der Panoramastraße. Nach dem Motto „klein, aber fein" wurden bei der Einrichtung fast ausschließlich einheimische Materialien verwendet. Die individuell eingerichteten Zimmer strahlen in ihren hellen Farbtönen Ruhe und Entspannung aus. Die sehr geschmackvoll gestalteten Aussichtsterrassen dienen als Orte der Entspannung.

> **Glacis Heights Villa** €€€€ <016>, Glacis, Tel. 261280, www.glacisheightsvilla.com. Vier auf einer Etage verteilte Appartements (drei verfügen über eigenen Balkon) oberhalb der Ringstrasse mit tollem Blick auf das Meer. Gutes Frühstück im Preis inbegriffen.

> **Hilton Seychelles Northolme Resort & Spa** €€€€€ <017> Glacis, PO Box 333, Tel. 4299000, www.hiltonhotels.de. Luxusresort in traumhafter Lage. Man hat die Wahl zwischen Zimmern im Haupthaus, die dem Kolonialstil nachempfunden sind, oder einer der in den Hang gebauten Villen. Die in dunklem Holz gehaltenen, sehr weiträumigen Zimmer mit ihren ausladenden Balkonen sind ideal zum Entspannen. Drei Restaurants, Fitnesscenter, Spa und der scheinbar in das Meer übergehende Pool lassen keinen Wunsch offen. Ein Hotel der Spitzenklasse!

> **Sunset Beach Hotel** €€€€ <018> PO Box 372, Tel. 4261111, www.thesunsethotelgroup.com. Das Beste am Sunset Beach Hotel ist seine Lage am – genau – Sunset Beach. Auf einer winzigen Halbinsel gelegen, bieten die Zimmer, trotz einiger unübersehbarer Spuren der Abnutzung, immer noch einen angenehmen Aufenthalt – zumal die angeschlossenen Terrassen großartige Ausblicke erlauben. Sehr gute Tauchmöglichkeiten direkt vor der Haustür. Ach ja – besonders zum Sonnenuntergang eine Augenweide.

Essen und Trinken

> **Barefoot Restaurant** €€ <019> Glacis, Tel. 4242672, tgl. 8–10.30, 12–15, 16–17 und 19.30–21.30 Uhr. Das dem Bliss Hotel angeschlossene Restaurant überzeugt mit seiner tollen Lage direkt oberhalb des Strandes, seiner modern-eleganten Einrichtung und einem ausgezeichneten kreolischen Buffet-Dinner. Das im gleichen Haus ansässige Rockpool Seafood Grill & Bar (tgl. 19–21.30 Uhr) hat sich auf Fusionsküche spezialisiert.

⓯ Beau Vallon Bay/ Bel Ombre ★★★ [C3]

Die circa 3 km lange, von einem Felsvorsprung unterbrochene, mondsichelartig geformte Bucht und Stadt Beau Vallon Bay mit ihrem seicht ins Meer abfallenden Strand ist seit vielen Jahren der touristisch am meisten entwickelte Ort von Mahé. Eine Vielzahl von Hotels aller Preisklassen,

darunter auch ein mehrere Hundert Betten umfassendes Fünf-Sterne-Hotel, Restaurants, Geschäfte, Boots- und Tauchvermietungen sowie Reiseagenturen bieten ein umfangreiches Angebot. Bei Tauchern und Schnorchlern sind die vor der Küste von Beau Vallon gelegenen Gebiete mit ihren **kilometerlangen Korallenriffen** besonders attraktiv.

So sehr diese Aufzählung auch im ersten Moment nach Massentourismus klingen mag – verglichen mit fast allen anderen Ferienorten in Asien/Ozeanien geht es hier immer noch vergleichsweise ruhig zu.

Der Strand bietet mehr als genug Platz für die nach wie vor überschaubaren Touristenzahlen, zumal viele Besucher den hoteleigenen Pool dem Meer vorzuziehen scheinen.

Begibt man sich weiter Richtung Westen entlang der etwas zurückversetzt vom Meer verlaufenden Uferstraße, markiert das alteingesessene Le Meridien Fisherman's Cove Hotel (s. S. 35) das südwestliche Ende der Beau Vallon Bay ⑮. Von hier erstreckt sich der Weg mehrere Kilometer flankiert von der Ortschaft Bel Ombre. Obwohl der Tourismus verglichen mit dem angrenzenden Beau Vallon deutlich geringer ist, bieten diverse Unterkünfte, gute Restaurants sowie hübsche Strände eine interessante Alternative zum „umtriebigen" Hauptstrand. Die Straße endet schließlich in der nach Süden abbiegenden Ortschaft Danzil (siehe Wanderung S. 37).

Unterkünfte

› **Clef des Iles** €€€ <021> Beau Vallon, Tel. 537100, www.clefdesiles.com. Aufwachen mit dem Rauschen des

Meeres, über den schneeweißen Strand vor der Haustür zum Schwimmen ins türkisblaue Meer und danach Frühstück auf der direkt am Strand gelegenen Terrasse mit Blick auf den Indischen Ozean. Das sind keine Südseephantasien, sondern Wirklichkeit in diesem kleinen, aus nur vier Einheiten bestehenden Appartementhaus direkt am Strand von Beau Vallon. Der einzige Nachteil – zumindest für jene, die sich bei dieser Beschreibung an Robinson-Crusoe-Klischees erinnert fühlen: Das ganze Szenario muss man sich mit vielen anderen Urlaubern und Einheimischen teilen. Das Clef des Iles liegt nicht nur im Zentrum eines der belebtesten Strände der Insel, sondern dabei auch noch in unmittelbarer Nachbarschaft von zwei der beliebtesten Restaurants.

› **Georgina's Cottage** € <022> Beau Vallon, Tel. 4247016, www.georginas-cottage.com. Einfaches, aus 8 Zimmern bestehendes Haus an der Straßenstraße. Das knall-orange Haus ist eines der ganz wenigen der Insel, welches sich auf Individualtouristen spezialisiert hat. Dem Preis entsprechend sollte man nicht zu viel erwarten, doch die Lage und die freundliche Atmosphäre entschädigt für vieles.

› **Le Meridien Fisherman's Cove Hotel** €€€€ <023> Beau Vallon, Tel. 4677000, www.lemeridien.com/fishcove. Das ehemals renommierteste Hotel des Edeltourismus auf den Seychellen ist immer noch eine sehr angenehme Bleibe. Besonders überzeugt die Weitläufigkeit der Anlage: Bei den modern eingerichteten Zimmern sind selbst diejenigen der kleinsten Kategorie „Deluxe" 45 m² groß. Das Hotel ist von einem tropischen Garten umgeben. Dazu gibt es Panorama-Restaurants, Buffet und kreolische Küche. Enttäuschend ist allerdings der hauseigene Strand. Vielleicht macht das jedoch der große Pool wett.

› **Ocean View Guesthouse** € <024> Bel Ombre, Tel. 2502010, www.oceanview-guesthouse.com. Eine in vier Einheiten unterteilte Villa oberhalb von Bel Ombre. Jedes Appartement ist mit einer kleinen Kochecke sowie einem recht großen Wohnzimmer ausgestattet. Das relativ neue Haus ist in einem sehr guten Zustand. Wenn man zudem die Ruhe der Anlage und die tollen Ausblicke (Zimmer im Obergeschoss) in Betracht zieht, bietet es ein ausgezeichnetes Preis-Leistungsverhältnis.

› **Panorama Guest House** € <025> Beau Vallon, Tel. 247300. Eine der günstigsten und einfachsten Unterkünfte der Seychellen. Die Anlage befindet sich nur einen Steinwurf vom Strand entfernt. Für den Standort- und Preisvorteil muss man sich mit recht kleinen, sparsam eingerichteten Zimmern in einer kleinen Anlage begnügen.

› **Romance Bungalows** € <026> Beau Vallon, Tel. 4247732, www.romance-bungalows.com. Unter den zahlreichen günstigen Unterkünften in Strandnähe von Beau Vallon ist diese sehr zum empfehlen. Die einfachen, aber gemütlichen und zudem großen Zimmer bieten durch ihre angeschlossenen Balkone sehr schöne Aussichten. Im Preis inbegriffen ist ein Frühstück, Mittag- und Abendessen gibt's in den umliegenden Restaurants. Sehr freundliches Management.

◁ *Nickerchen am weitläufigen Strand von Beau Vallon Bay*

› **Savoy Hotel & Spa** €€€€ <027>, Beau Vallon, Tel. 4392000, www.savoy.sc. Für Seychellen-Verhältnisse ungewöhnlich großer Hotelklotz im Zentrum von Beau Vallon. Alle 163 Zimmer sind großräumig und modern eingerichtet, ein weitläufiger Poolbereich und mehrere Restaurants bieten den für diese Hotelklasse üblichen Service.

› **Sun Resort Hotel** €-€€ <028> Beau Vallon, http://sun-resort.island-mahe-hotels.com, Tel. 285555. Nettes 20-Zimmer-Hotel in unmittelbarer Nähe zu Mahés bekanntestem Strand. Das relativ kleine Haus mit angeschlossenem Pool liegt nur wenige Gehminuten vom Beau Vallon Strand entfernt. Wer sich selbst versorgen möchte, sollte die mit einer kleinen Küchennische ausgestatteten „Standard Rooms" wählen. Ansonsten bieten sich die zwei hauseigenen Restaurants oder die Gaststätten in der unmittelbaren Umgebung an. Für preisbewusste Urlauber eine prima Adresse.

Essen und Trinken

› **La Plage** €€ <029> Beau Vallon, Tel. 4620240, geöffnet Fr–Mi 11–24 Uhr. Sehr schöne Mischung aus gutem Stil und lockerem Ambiente am Strand von Beau Vallon. Von der umfangreichen Speisekarte können vor allem die leckeren Fisch- und Pasta-Gerichte empfohlen werden. Sehr gelungen sind auch die köstlichen *Sundowner* – die Drinks zum Sonnenuntergang.

› **Baobab Pizzeria** € <030> Beau Vallon, Tel. 247167, geöffnet: tgl. 11.30–16.30, 17.30–22.30 Uhr. Prima Adresse, um in legerem Ambiente, zu für Seychellen-Verhältnisse recht günstigen Preisen und tollen Aussichten direkt am Strand leckere Pizzas und Nudelgerichte zu genießen.

› **Boat House** €-€€ <031> Beau Vallon, www.boathouseseychelles.com, Tel.

> **EXTRATIPP**
>
> **Strandpicknick**
> Das Strandpicknick wird derzeit wieder neu entdeckt und man spart dabei nicht mit der Romantik: Meeresrauschen und Sonnenuntergang schaffen ein fantastisches Abend zu zweit. Zum Augenschmaus wird das sogenannte „Dimans Borlammer" serviert, wobei Früchte und Fische der Insel frisch aufgetischt werden.
>
> Die Hotspots für Picknicker: **Anse Takamaka** ㉕ im Südwesten sowie **Port Launay und Port Glaud** ㉙ im Nordwesten von Mahé.

247898, geöffnet: tgl. 9–11, 12–17 und 19.30–21.30, Bar 15.30–22.30 Uhr. Das Essen in dem offenen, zweigeschossigen Holzhaus ist sicher nicht der Grund, warum es seit vielen Jahren zu einem der Favoriten bei Einheimischen und Individualtouristen gehört. Dafür ist es für seine lockere Atmosphäre, gute Musik und recht günstigen Preise beliebt.

› **La Perle Noire** €€-€€€ <032> Beau Vallon, Tel. 620220, geöffnet Mo–Sa 19–22 Uhr. In ebenso stilvollem wie rustikalem Ambiente serviert die „Schwarze Perle" seit Jahren eine der geschmackvollsten und authentischsten Küchen der Insel. Egal ob im klimatisierten Innenraum oder auf der schönen Terrasse: Das Ambiente ist gemütlich-stilvoll, der Service aufmerksam. Die Schwarze Perle fällt dabei preislich noch nicht aus dem Rahmen, wie dies andere Edelrestaurants der Umgebung tun.

› **La Scala** €€-€€€ <033> Bel Ombre, Tel. 4247535, www.christophvollmer.de/lascala, geöffnet: Mo–Sa 19.30–21.30 Uhr, im Juni geschlossen. Das am westlichen Ende der Bucht gelegene La

Wanderung von Danzil nach Anse Major

Um zum Ausgangspunkt der Wanderung zu gelangen, sollte man entweder per Auto fahren, den Bus Linie 21 von Victoria bis zum Busbahnhof in Danzil nehmen oder zu Fuß von **Beau Vallon** ⓯ *in westlicher Richtung vorbei an dem Stadtviertel Bel Ombre auf der gleichnamigen Straße bis zum Busbahnhof in* **Danzil** *gehen.*

Von hier geht es 200 Meter die Straße entlang bergauf. Man folgt der rechten Gabelung, welche mit gelben Wegmarken gekennzeichnet ist. Wenn nach etwa 200 m der Fahrweg in einen Fußpfad übergeht, nimmt man den linken, ansteigenden Pfad. Dieser folgt der felsigen Küstenlinie und führt entlang der für Mahé so typischen, Glacis genannten Gesteinshänge. Allerdings sollte man sehr konzentriert sein, da es teilweise entlang steiler Granithänge geht! Ein Großteil des Weges verläuft innerhalb des **Morne Seychellois National Park**. *Während der Weg zu Beginn breit und deutlich markiert ist, wird er im weiteren Verlauf schmaler und ist stellenweise zugewuchert. Wanderschuhe sind hier unbedingt erforderlich.*

Nach ca. 1 Stunde vorbei an einheimischen Pflanzen und Blumen geht es hinunter zum kleinen Strand von **Anse Major**. *Es ist der ideale Ort, um sich ein entspannendes Bad im Indischen Ozean zu gönnen sowie ein vorbereitetes Picknick im Angesicht des Naturschauspiels zu genießen. Man sollte sich Zeit nehmen und das hier noch ganz und gar untouristische Mahé genießen.*

Der Rückweg zum Ausgangspunkt bietet dann noch einmal herrliche Aussichten.

☐ *Ein herrlicher Anblick am Ende der Wanderung: Port Launay*

Scala gilt seit vielen Jahren zu Recht als eines der besten Restaurants der Insel. Ausgezeichnete einheimische wie internationale Küche. Das sehr schöne Ambiente wirkt ein wenig wie eine italienische Taverne am Indischen Ozean. Hervorragender Service. Egal ob frischer Fisch, sehr leckere Nudelgerichte oder selbst ein saftiges Steak – alles schmeckt ausgezeichnet.

Einkaufen

› Im Bereich der Baobab Pizzeria (s. S. 36) findet jeden Mittwoch ab Sonnenuntergang und jeden letzten Samstagabend im Monat ein **Freiluftmarkt** mit ca. 50 Ständen statt.
› Beim Schlendern entlang der Stände kann man neben kulinarischen Köstlichkeiten auch lokales Kunsthandwerk, Kleidung und lokale Musik-CDs erwerben.

Tauchen

› **Big Blue Divers** <034> Mare Anglaise, Tel. 4261106, www.bigbluedivers.net
› **Underwater Centre** <035> Victoria, Tel. 4247165, www.diveseychelles.com.sc

Mietwagen

› **Union Vale Car Hire,** Beau Vallon, Tel. 4247052
› **Exoticcars,** Mare Anglaise, Tel. 4261133

▷ *Sinnbild der modernen Seychellen: Eden Island*

Der Süden

„Rückständigkeit" kann durchaus erstrebenswert sein – so denken zumindest viele im Süden der Insel wohnende Seychellois, die von den Bewohnern des Nordens als eher „rückständig" und „behäbig" bezeichnet werden. Während sie von der Mehrzahl der im Norden wohnenden Einwohner eher belächelt werden, haben sie eine Geruhsamkeit und Gelassenheit bewahrt, die im mehr und mehr an Effizienz, Schnelligkeit und Modernität orientierten Rest der Insel langsam aber sicher verloren zu gehen scheint.

Der Süden ist beschaulicher, naturbelassener und traditioneller. Zwar gibt es auch hier einige Luxushotels, doch insgesamt ist der Tourismus eher auf Ruhe und Individualität suchende Touristen zugeschnitten. Auch landschaftlich zeigt sich der Süden von einer anderen Seite. Während der Norden von kleinen, steil vom Landesinneren abfallenden Felsformationen mit kleinen Buchten gekennzeichnet ist, finden sich im Süden und Westen eher **langgezogene Sandstrände**, die seicht ins Meer übergehen.

Zwei Straßen führen von der Hauptstadt Victoria in den Süden der Insel. Wer es eilig hat, nimmt den **East Coast Highway**, welcher zum Teil über die künstlich aufgeworfenen Inseln vor der Küste verläuft. Im Folgenden wird die Strecke **entlang der Südostküste** bis in den äußersten Süden mit seinen Etappen beschrieben.

⑯ Eden Island ★★ [E4]

Die unmittelbar vor der Küste verlaufenden Eilande wurden bereits Mitte der 1990er-Jahre als Untergrund für die Küstenstraße aufgeschüt-

tet. Gleichzeitig sollen sie langfristig Wohnraum für neu zu errichtende Wohnviertel bereitstellen. Dies ist umso wichtiger, als die in die Berghänge unmittelbar hinter der Küste gebauten Villen und Bungalows zur Erosion wichtiger Waldböden beitragen, was in der Vergangenheit zu schweren Erdrutschen geführt hat.

Während viele der Inseln bis heute unbebaut sind, entstand auf der nur durch einen kleinen Damm vom Festland getrennten, 56 Hektar kleinen Eden Island ein neues Wohngebiet in **Luxusausführung**. Die 500 Villen nebst Privatstrand und Bootsstegen, Restaurants, Banken, Edelboutiquen und Jachthafen erinnern nicht ungewollt an die großen Vorbilder in Dubai und Miami.

Tatsächlich haben es die einheimischen und südafrikanischen Investoren in erster Linie auf die kaufkräftige Kundschaft aus dem Nahen Osten, Südafrika und Europa abgesehen. Als besonderer Anreiz hat jeder Ausländer, der sich auf Eden Island „einkauft", Anrecht auf eine unbefristete Aufenthaltsgenehmigung auf den Seychellen.

Landschaftlich ursprünglicher als auf dem East Cost Highway ist die Fahrt auf der parallel dazu verlaufenden alten Küstenstraße. Bei dem kleinen Ort **Petit Paris** vereinen sich die beiden Straßen. Hinter dem **internationalen Flughafen** (s. S. 108) geht es weiter entlang der alten Straße bis in den Süden.

⓱ Anse aux Pins ★ [G6]

Die **Anse aux Pins** gehört mit einer Länge von ungefähr 5 km zwar zu den längsten zusammenhängenden Buchten der Insel, ist jedoch eher ein Stiefkind der touristischen Erschließung. Tatsächlich ist sie eine der wenigen nicht auf den ersten Blick bezaubernden Buchten von Mahé. Dies liegt sicherlich nicht zuletzt daran, dass sie sich nicht sonderlich zum Baden eignet. Der Ort Anse aux Pins selbst ist neben der Hauptstadt Victoria die zweitgrößte Ansiedlung der Insel.

Unmittelbar danach befindet sich auf der rechten Seite das Areal des einzigen **Golfplatzes** der Insel. Die 1980 in einer ehemaligen Kokosplantage errichtete 9-Loch-Anlage beinhaltet auch ein Restaurant, Tennisplätze und einen Swimmingpool.

⓲ Le Domaine de Val des Pres (Vilaz Artizanal) ★★ [F6]

Hat man die zur westlichen Seite der Insel verlaufende Montagne Posee Road passiert, taucht nach wenigen Hundert Metern auf der rechten Seite, etwas zurückversetzt von der Straße, das **Le Domaine de Val des Pres** auf. Dabei handelt es sich um ein historisch bedeutendes und mit seinen umstehenden dunkelroten und lila-farbenen Bougainville-Sträuchern optisch sehr attraktives Gebäudeensemble. Das im Volksmund eher unter dem Namen **Vilaz Artizanal** oder **Craft Village** bekannte Areal umfasst vier im traditionellen Stil restaurierte Kolonialvillen und zwölf kleinere Handwerksstätten lokaler Künstler.

Grand Kaz, das Haupthaus, stammt aus den 1870er-Jahren und bietet einen interessanten Einblick in die Lebensbedingungen der damaligen Oberschicht.

In den insgesamt zwölf Werkstätten kann man einheimischen Kunsthandwerkern bei der Fertigung typischer Produkte über die Schulter schauen und die fertigen Erzeugnisse selbstverständlich auch erwerben. Im Maison de Coco kann man schließlich auch noch eine Vielzahl von aus den Materialien der Kokosnuss hergestellten Souvenirs kaufen.

› Geöffnet: tgl. 10–18 Uhr, die Werkstätten sind sonntags geschlossen.

⓳ Anse Royale ★★ [F8]

Weiter geht es entlang der Küstenstraße, vorbei an der **Destillerie Trois Frères**, die den populären und leckeren Takamaka-Rum herstellt. Schließ-

lich steigt die Straße steil und windungsreich an. Am höchsten Punkt „Pointe au Sel" angelangt, bietet sich ein weiter Blick bis in den tiefen Süden.

Die fast 5 km lange **Anse Royale** mit ihrem weiten Strand, hübschen, aber nicht eben luxuriösen Unterkünften und regem einheimischen Treiben hat sich noch viel von ihrem ursprünglichen Charme bewahrt – trotz einiger touristischer Einrichtungen. Sie eignet sich speziell im Bereich des Restaurants Le Dauphins Heureux (s. S. 45) ideal zum Schwimmen. Vor allem an Wochenenden picknicken hier viele einheimische Familien.

◹ *An der Anse Royale kann es idyllisch ruhig zugehen …*

◸ *… sie wird von den Einheimischen aber auch gern als Picknickplatz genutzt*

Nur wenige hundert Meter weiter südlich befindet sich die erste und bisher einzige **Universität** des Landes. Sie wurde 2009 gegründet und steckt noch in den Kinderschuhen. Die ca. 200 Studenten verteilen sich auf zwei Campusse. Neben dem Haupthaus an der Anse Royale stehen weitere Gebäude an der Mt. Fleuri in den Außenbezirken von Victoria.

⓴ Jardin du Roi ★★★ [F8]

Weit oberhalb der nach der ersten kolonialen Besiedlung benannten Königlichen Bucht, befindet sich mit dem Jardin du Roi eine der **Hauptsehenswürdigkeiten** von Mahé. Die Anfahrt beginnt bei Les Canelles Road, die nur wenige hundert Meter südlich des Craft Village nach rechts abzweigt. Nach 1 km geht es nach links in die Sweet Esort Road, 200 Metern weiter führt eine kleine, zum Teil geteerte einspurige Straße steil bergan, welche nach knapp 2 km am Jardin du Roi endet.

Der Süden

EXTRATIPP

Restaurant des Jardin du Roi

Das dem Jardin de Roi angeschlossene Freiluftrestaurant bietet vorzügliche, typisch kreolische Gerichte mit zum größten Teil im eigenen Garten angebauten Gewürzen. Besonders lecker sind die Fisch- und Currygerichte. Darüber hinaus genießt man schöne Ausblicke über den Garten auf die Ostküste von Mahé. Einziges Manko – die Speisen sind doch eher für den kleinen Hunger portioniert. Jeden Sonntag gibt es zudem ein köstliches Mittagsbuffet.

› **Restaurant des Jardin du Roi** €€
<036> geöffnet: tgl. 10–17 Uhr, Di geschl.

Geschichte, Lage, Pflanzen, Gastronomie, Aussichten – ein Besuch des Gewürzgartens ist nicht nur für Botaniker ein Muss. Die Ursprünge des Königlichen Gartens gehen auf die Anfänge der französischen Besiedlung der Seychellen in den 1770er-Jahren zurück. Die Eigentümer nehmen sogar für sich in Anspruch, Nachkommen genau jenes Monsieur Pierre Poivret (1719–1786) zu sein, der als Pionier der französischen Kolonialherrschaft auf den Seychellen gilt.

Wie dem auch sei – da wo heute der Jardin du Roi steht, befand sich nachweislich die erste Gewürzplantage der französischen Kolonialherren. Bis in die 1970er-Jahre diente sie zum Anbau von Gewürzen, ehe sie aufgrund mangelnder Wirtschaftlichkeit dem Verfall preisgegeben wurde.

Seit der Wiederbewirtschaftung durch die ursprünglichen Besitzer Mitte der 1990er-Jahre hat sich die Gartenanlage zu einer der Hauptsehenswürdigkeiten der Insel entwickelt. Allein die Lage an einem Berghang mit herrlichen Aussichten auf die Ostküste lohnt einen Ausflug.

Ausgangspunkt der Besichtigung ist ein kleiner Platz, der in der Mitte mit einem Avocadobaum markiert ist. Umgeben wird er von einem kleinen Laden, in dem einheimisches Kunsthandwerk angeboten wird, sowie einem typischen **Seychellen-Haus** der Oberschicht, in welchem die Familie der Eigentümer für viele Jahrzehnte lebte. Das schräg gegenüber liegende, überdachte Freiluftrestaurant bietet nicht nur schöne Aussichten, sondern auch köstliches einheimisches Essen.

Bevor man es sich dort gut gehen lässt, gilt es jedoch, den herrlich angelegten Königlichen Garten zu besichtigen. Dabei kann man zwischen verschiedenen angelegten Wegen wählen. Am beliebtesten ist der so-

◁ *War im Mittelalter Gold wert: Pfefferstauden im Jardin du Roi*

genannte **Garden Walk**. Entlang des ca. 45-minütigen Naturpfades wurden 50, mit Nummern versehene Bäume und Büsche gepflanzt, die einen hervorragenden Einblick in die Flora der Seychellen seit Mitte des 19. Jh. geben: Vanille, Zimt, Lemonengras, Ingwer, Pfeffer, Avocado, Orangen, Kakao, Kaffee, Zimt, Sternfrucht, Rosenapfel, Guave, dazu wunderschöne Blumen wie Bougainvillea, Orchideen, Galgant und Weihnachtssterne sind nur eine kleine Auswahl der entlang des Gartens zu bestaunenden Anpflanzungen. Zwischendurch kann man eine kleine Pause einlegen und am Aussichtspunkt, umgeben von bunt leuchtenden Flamboyant-Bäumen, den herrlichen Blick Richtung Ostküste genießen oder die bis zu 100 Jahre alten Riesenschildkröten im Gehege beobachten.

› Geöffnet: tgl. 10–17.30 Uhr, Eintritt: 8 €

❷❶ Anses Bougainville, Forbans und Marie Louise ★ [G9]

Zurück an der Küste führt die Straße zu den drei ineinander übergehenden Buchten Bougainville, Forbans und Marie Louise. Alle drei sind mit einigen wenigen Hotels und Bungalows bebaut, doch ansonsten noch meilenweit vom First-Class-Tourismus von Nordmahé entfernt.

❷❷ Pointe Capucins, Anse Capucins ★★ [G10]

Die Küste südlich der Anse Marie Louise ❷❶ ist touristisch noch gar nicht erschlossen – keine Ansiedlungen, Straßen oder Hotels. Wer die dort liegenden Buchten von Pointe Capucins und Anse Capucins auf eigene Faust besuchen möchte, muss sich von Anse Marie Louise auf Schusters Rappen auf einen Trampelpfad begeben, der oberhalb der Küste verläuft und an dem Aussichtspunkt Pointe Capucins vorbeiführt.

❷❸ Petite Boileau ★ [G10]

Gänzlich auf sich allein gestellt ist man schließlich am 2 km weiter südwestlich gelegenen Petite Boileau. Es ist zu empfehlen, die Wanderung möglichst früh zu beginnen. Je weiter südlich man kommt, um so weniger ist der Weg noch zu erkennen. Man sollte immer die Gefahr des Verlaufens im Auge behalten und entsprechend genügend Zeit einplanen.

Im Übrigen ist vom Schwimmen im offenen Meer an der Südspitze dringend abzuraten. Es fehlen vorgelagerte Korallenriffe, sodass Wellen und Unterströmungen deutlich gefährlicher sind (s. S. 48).

Auf Höhe der **Anse Marie Louise** ❷❶ zweigt die Küstenstraße ins Inselinnere ab. Bei dem Ort **Quatre Bornes**, der auf einer Passhöhe und geografisch zwischen Ost- und Westküste liegt, biegt eine Nebenstraße nach Süden ab, die zu einigen der schönsten Buchten Mahés führt.

> **EXTRATIPP**
> **Die Strände am südlichsten Punkt von Mahé**
> Die weiter südlich gelegenen Strände von Police Point, Petite Police und Police Bay bieten dann Robinson-Crusoe-Feeling pur. Das offene Meer ist für seine exzellenten Tauchreviere bekannt. So verlockend eine Abkühlung im tiefblauen Meer gerade hier auch sein mag – wegen der hohen Wellen und Unterströmung (s. S. 48) kann davor nur ausdrücklich gewarnt werden.

24 Anse Intendance ★★ [F9]

Die für Mahé so charakteristischen Granitfelsen begrenzen auf beiden Seiten die Bucht Anse Intendance mit der oberhalb gelegenen Luxusanlage Banyan Tree. Obwohl nur knapp 1 km lang, zählt sie wegen ihres schneeweißen Sandes und der perfekten Sichelform zusammen mit dem sie eingrenzenden, mit dichtem Grün bewachsenen Berghang zu den schönsten Buchten der Insel. Eine kleine Strandbar gleich am Eingang vom Parkplatz serviert stilgerecht Cocktails zum Sonnenuntergang.

Unterkünfte

› **Banyan Tree Hotel** €€€€ <037> Anse Intendance 24, Tel. 4383500, www.banyantree.com. Luxusresort am nördlichen Ende der Anse Intendance. In den von tropischen Pflanzen bewachsenen Hang sind 47 Villen gebaut, die mit allem Luxus inklusive eigenem Pool ausgestattet sind und über eine großartige Aussicht verfügen. Stilvoll sitzt man in den hauseigenen Restaurants, das Essen ist hingegen selten originell und authentisch.

› **Chalets d'Anse Forbans** €€-€€€ <038> Anse Forbans 21, Tel. 4366111, www.forbans.com. Zwölf einfache Bungalows für Selbstversorger in herrlicher, naturbelassener Lage am südlichen Ende der Anse Forbans. Dem weitläufigen Garten mit hohen Palmen schließt sich direkt der kaum von Touristen frequentierte Strand an, wo man ideal entspannen und die Seele baumeln lassen kann. Man hat die Wahl zwischen verschiedenen Chalets (45–90 m²), wobei die größeren ideal für Familien geeignet sind. Perfekte Unterkunft für jene, die abseits jeglicher Hektik und unter Verzicht auf Luxus (kein Fernseher im Zimmer) die Seychellen genießen möchten. Mindestaufenthalt 3 Nächte.

› **Devon Residence** €-€€ <039> Anse Royale 19, Tel. 2512721, www.devon.sc. Hoch oberhalb der Anse Royale gelegener Bungalow mit tollen Ausblicken und großen Appartements aus mehreren Zimmern. Sehr freundliche Besitzer. Gutes Preis-Leistungs-Verhältnis, doch zum Preis hinzurechnen sollte man wegen der abgeschiedenen Lage den Tarif eines Mietwagens.

› **Eden Bleu Hotel** €€€ <040> Eden Island, Tel. 4399100, www.edenbleu.com. Modern eingerichtetes Hotel direkt am

Jachthafen von Eden Island mit hellen, großen Zimmern, welche alle über große TV-Geräte und Balkone zum Hafen verfügen.
› **La Rousette** €€ <041> Tel. 4376245, www.hotel-laroussette.com. Die hübsche, kleine Anlage mit nur zehn Einheiten liegt unmittelbar hinter dem Golfklub und ist eine prima Adresse als preiswerte Unterkunft im Südosten der Insel. Die individuellen, zweckmäßigen und sehr sauberen Bungalows sind geräumig und zudem mit Terrasse zum Garten und Pool ausgestattet. Empfehlenswert ist auch das auf einheimische, kreolische Küche spezialisierte Restaurant.
› **The Wharf Hotel & Marina** €€€ <042> Roche Caiman, www.wharfseychelles.com, Tel. 4670700. Sehr gelungenes 15-Zimmer-Hotel mit direktem Zugang zum Jachthafen. Modernes und dennoch atmosphärenreiches, im traditionellen Stil errichtetes Haus mit umlaufender Veranda, schönem Pool, tropischem Garten, Bar und Spa. Dazu ein prima Restaurant. Beste Unterkunft in Stadtnähe.
› **Valmer Resort** €€-€€€ <043> Baie Lazare, Tel. 4381555, www.valmerresort.com. Oberhalb der Bucht von Baie Lazare gelegenes Privathotel mit großen Zimmern an einem Hang mit Pool und tollen Aussichten. Wegen seiner Nähe zum Dorf ideal, um Standurlaub mit Lokalambiente zu verbinden. Befriedigendes Frühstücksbuffet. Aufgrund der Hanglage ist das Resort nicht für Gehbehinderte geeignet.

Essen und Trinken

› **Bravo** €€ <044> Eden Island ⓰, Tel. 4346020, geöffnet: tgl. 12-22 Uhr. Angesagtes Restaurant auf Eden Island mit einer trendigen Inneneinrichtung und großen Portionen von Pizza über Burger bis zu Nudelgerichten.
› **Le Dauphins Heureux Restaurant Cafe** €€-€€€ <045> Anse Royale ⓳, Tel. 430100, www.lesdauphinsheureux.com, geöffnet: tgl. 11.30-15 und 17.30-21 Uhr. Prima Lage unmittelbar am Anse Royale, stilvolles Ambiente mit Möglichkeit sowohl innen als auch auf der Terrasse zu speisen, dazu aufmerksamer Service und exzellente Küche mit modernem, kreolischen Einschlag. Das Le Dauphins Heureux gilt zu Recht als eines der besten Restaurants außerhalb Victorias.
› **Le Reduit Restaurant** €-€€ <046> Anse Takamaka ㉕, Tel. 4366116, geöffnet: tgl. 11-22 Uhr. Freundliches einheimisches Restaurant oberhalb der Takamaka-Bucht. Spezialisiert auf kreolische Küche in familiärem Ambiente.
› **Restaurant des Jardin du Roi** (s. S. 42), kreolische Gerichte mit Gewürzen aus dem eigenen Garten.
› **Surfers Beach Restaurant** €€ <047> Anse Parnel, www.surfersbeach.sc, Tel. 2718227. Direkt am Strand gelegenes, privat geführtes Restaurant mit leckerer einheimischer Küche.
› **Boardwalk Bar Grill** €€-€€€ <048> Eden Plaza, Eden Island, Tel. 346622, geöffnet: tgl. 11-22 Uhr. Das beste an diesem Restaurant/dieser Bar ist die Lage am Steg des Jachthafens mit Aussicht auf die Boote, das Meer und die umliegenden Berge. Gute westliche Speisen, dazu Cocktails und Nachspeisen.
› **The Maharaja's** €€ <049> Eden Island ⓰, Tel. 4346869, geöffnet: Di-So 11.30-15 und 17.30-22 Uhr. Eines der besten indischen Restaurants von Mahé. Entsprechend dem noblen Viertel recht teuer, dafür jedoch auch wirklich gutes, nordindisches Essen, das nicht zu scharf ist. Schönes Ambiente. Wer einen Tisch auf der Terrasse ergattert, genießt die Aussicht auf den Jachthafen und die Berge im Inselinneren.

◁ *Badefreuden am Strand von Anse Intendance*

Der Westen

Die Westküste zwischen der Anse Takamaka 25 *im Süden und der Baie Ternay* 30 *im Norden gehört zu den schönsten Regionen der Insel. Die meisten der im Folgenden beschriebenen Stationen liegen an der West Coast Road. Die Kombination aus tollen, weitläufigen Stränden, geruhsamem Inselleben und exzellenten Resorts lässt den Urlauber hier die Annehmlichkeiten eines entspannenden Inselurlaubs mit dem Charme des alltäglichen Lebens verbinden.*

25 Anse Takamaka/ Baie Lazare ★★★ [E9]

Die Takamaka-Bucht wurde nach dem einheimischen Baum benannt, der für die Seychellen typisch ist. Vom Süden kommend, markiert die weitläufige Bucht, deren Uferstraße zum Teil direkt hinter dem Strand verläuft, den Beginn zur Westküste.

Weiter in nördlicher Richtung befindet sich in einem Inselvorsprung die fast drei Kilometer lange, sichelförmige **Baie Lazare**. Der Küstenstreifen war noch bis vor 15 Jahren touristisch gänzlich unerschlossen. Dass sich das Paradies jedoch nicht für immer hinter der tropischen Vegetation abseits der Uferstraße verstecken konnte, zeigte sich im Jahr 2009 mit der Eröffnung des Four-Seasons-Hotels (s. S. 50). Das Luxusresort der internationalen Spitzenklasse „privatisierte" damit quasi die zuvor öffentliche **Petite Anse** – eine traumhafte Bucht am äußersten Westrand. Ruhe, Entspannung und Seele baumeln lassen sind hier wie auch in der sich nördlich anschließenden **Anse Soleil** das Motto. Wenn man bedenkt, dass es sich um Weltklasse-Strände handelt und gleichzeitig erlebt, wie fast menschenleer sie meist sind, kann man nur hoffen, dass die Balance zwischen ökonomischer Notwendigkeit und nachhaltiger Naturbelassenheit möglichst lange bestehen bleibt.

26 Studio von Michael Adams ★★ [E8]

Niemand hat die für die Seychellen so charakteristische Mischung aus überbordender Natur und paradiesischem Alltagsleben derart lebendig und einfühlsam eingefangen wie der **Maler Sir Michael Adams**. Wer dessen Haus mit angeschlossenem Studio besuchen möchte, sollte auf der in nördlicher Richtung verlaufenden West Coast Road kurz vor der Rückkehr zur Küste seine Sinne schärfen. Leicht übersieht man das vom Künstler selbst hergestellte Schild mit der Aufschrift „Michael Adams paintings". Es weist auf der linken Seite den Weg zu seiner Kolonialvilla.

Gleich der erste Eindruck beim Betreten des Anwesens nimmt einen für den „Gauguin der Seychellen" ein, wie er in den Medien oft genannt wird. Umgeben von tropischen Bäumen und Blumen laufen Hühner, Hunde, Katzen, Riesenschildkröten und Enten frei umher, ein Baumhaus ist zu sehen und alles wirkt fast wie ein Klischee des tropischen Künstlerparadieses. Tatsächlich lebt Michael Adams hier bereits seit über 45 Jahren mit seiner Frau und seinen beiden Kindern, die ebenfalls Maler sind. An diesem Ort hat der Maler offensichtlich sein Paradies gefunden. 2001 wurde er von der englischen Königin geadelt. Mit der für seine Malereien so charakteristischen Leuchtkraft der eingesetzten Farben, die wie ein großer Strom ineinanderfließen,

hat er eine ganz eigene Stilsprache entworfen, mit der er die urtümliche Schönheit der Seychellen widerspiegelt. Die Gemälde des ursprünglich in Malaysia geborenen Adams werden als Siebdrucke weltweit verkauft. Von seinen heiß begehrten Originalen trennt er sich nur äußerst selten. Auf die Frage des „Warum" bekommt man die ebenso schlagfertige wie einleuchtende Antwort: „Schließlich verkauft man auch nicht seine Kinder".

› Michael Adams, Anse aux Poules Bleues, Southern Mahé, geöffnet: Mo–Fr 10–16, Sa 10–12 Uhr; Tel. 2361006, www.michaeladamsart.com

㉗ Anse à la Mouche, Anse Boileau ★★ [E7]

Weiter geht es auf der West Coast Road entlang. Als nächstes folgt in nördlicher Richtung die langgestreckte Bucht Anse à la Mouche, die seit Jahrhunderten von den hier ansässigen Fischergemeinden geprägt wurde. Das Leben spielt sich noch gemütlich an der Uferpromenade und entsprechend den Gezeiten ab. Zwar wurden auch hier in den letzten Jahren zwei Resorts in den Bergen abseits der Hauptstraße erbaut. Doch wer entlang der Uferstraße spazieren geht, gewinnt den Eindruck, dass sich das Leben kaum verändert hat. Einige Cafés und Restaurants laden zum Verweilen ein. Oder man setzt sich einfach zusammen mit den Einheimischen auf die zwischen Straße und Strand verlaufende Mauer und beginnt ein kleines Schwätzchen.

Vom nördlichen Ende der Anse Boileau führt ein Anstieg bis zum **National Biodiversity Centre**. In dieser sehr gepflegten, von diversen Palmen umgebenen Baumschule werden endemische Pflanzen und Bäume der Seychellen erhalten.

Nachmittägliches Relaxen an der Anse Boileau

EXTRAINFO Sicherheitshinweis

Jedes Jahr ertrinken zahlreiche Touristen beim Schwimmen. Auf Mahé, Praslin und La Digue gibt es diverse Strände mit erheblichen **Unterströmungen**, in denen das Schwimmen sehr gefährlich sein kann. Entsprechend sind in den letzten Jahren viele Warnschilder aufgestellt worden, auf deren Ge- und Verbote man unbedingt achten sollte!

Sollte man dennoch in eine Unterströmung geraten, gilt es **auf keinen Fall in Panik zu geraten** und gegen die Strömung anzuschwimmen. Stattdessen sollte man sich mit der Strömung etwas weiter vom Strand tragen lassen und dabei versuchen, ruhig parallel zum Strand zu schwimmen. Nach kurzer Zeit dreht sich die Strömung am Rand um und trägt einen zum Ufer zurück.

❷❽ Grande Anse ★★ [D5]

Vorbei an dem kleinen, von einem Resort eingenommenen **Barbarons Beach** geht es zu dem Grande Anse, der sich über viele Kilometer entlang der Westküste erstreckt. Am gleichnamigen Dorf führt die La Misère Road über das gebirgige Landesinnere bis nach Victoria. Nur wenige, zudem kleinere Unterkünfte haben sich entlang der Küste von hier bis in den Norden angesiedelt. Dies mag auch daran liegen, dass die kristallklare und seicht zum Meer abfallende Bucht bei aller landschaftlichen Attraktivität aufgrund der zum Teil gefährlichen Unterströmung (s. links) nicht zum Baden geeignet ist.

Der Bucht vorgelagert befinden sich gleich mehrere Inseln, von denen die pittoreske **Therese Island** die größte ist. Sie ist unbewohnt und nur per Boot zu erreichen. Wegen ihres hübschen Strandes und hervorragenden Schnorchelmöglichkeiten ist sie häufig das Ziel privater Jachten.

❷❾ Port Glaud, Port Launay ★★★ [C5]

Port Glaud mit dem sich etwas weiter nördlich anschließenden Port Launay war bis vor 15 Jahren ein abgeschiedenes, kleines Paradies an der äußersten Nordwestküste ❶❹ von Mahé.

Das **Constance Ephelia Resort** (s. S. 50) wurde auf einer Halbinsel errichtet, die durch einen Kanal vom Festland getrennt ist. Mit der Eröffnung des Resorts wurde dieses Stück

030se Abb.: tb

▷ *Ausflugsboote vor Port Glaud*

Der Westen

Land quasi über Nacht vom internationalen Luxustourismus vereinnahmt. Verwundern kann es nicht, handelt es sich hier doch um eine der bezauberndsten Regionen der Seychellen. Der schneeweiße Strand, das kristallklare Wasser und das durch die vorgelagerten Korallenriffe ruhige, sehr warme Meer macht das Gebiet zum Traum eines jeden Tourismus-Managers und bietet ideale Voraussetzungen zum Schnorcheln und Tauchen.

30 Baie Ternay ★★★ [A4]

Wer die Straße nur zehn Minuten vom Busendhalteplatz in Port Launay 29 weiter Richtung Baie Ternay geht, wird mit einem großartigen Blick auf die Bilderbuchbucht und die tropische Umgebung nebst Indischen Ozean belohnt.

Bis in die Baie Ternay sind es zu Fuß entlang der Stichstraße in nordwestlicher Richtung noch einmal etwa 20 Minuten. Es gibt jedoch Gerüchte, dass hier ein neues Luxushotel entstehen soll, welches die gesamte Bucht „privatisieren" würde. Durch seine relative Abgeschiedenheit ist diese Traumbucht ganz und gar nicht überlaufen. Wegen ihres Fischreichtums und der wunderschönen Korallen eignet sie sich ideal zum Schnorcheln und Tauchen.

Unterkünfte

› **Anse Takamaka View** €-€€ <050>
Anse Takamaka, Tel. 2510007. Sehr gepflegte, freundliche Selbstversorger-Anlage oberhalb des Takamaka-Strandes. Das liebevoll von einem deutsch-seychellischen Ehepaar geführte Anwesen verfügt über mehrere um einen Pool gelegene Bungalows. Ausgezeichnetes Preis-Leistungs-Verhältnis.

› **Blue Lagoon Chalets** €-€€ <051> Anse à la Mouche 27, Tel. 4371197. Hübsche, kleine, aus 5 Chalets bestehende Anlage für Selbstversorger an der Anse à la Mouche. Da Geschäfte und Restaurants in unmittelbarer Umgebung liegen, kann man entweder zu Hause auf der jedem Appartement angeschlossenen Terrasse mit Blick auf den hübschen Garten essen oder in einem der Restaurants im Dorf.

› **Constance Ephelia Resort** €€€€ <052> Port Launay ㉙, Tel. 4395000, www.epheliaresort.com. Ebenso luxuriöses wie weitläumiges Resort im äußersten Nordwesten von Mahé. Die 270 Suiten und Villen erstrecken sich über ein riesiges Gebiet mit mehreren Swimmingpools, Restaurants, Tennisplätzen und Joggingpfaden. Man hat die Wahl zwischen 7 verschiedenen Kategorien von Räumen, wobei die kleinste bei über 60 m² beginnt. Wem das nicht reicht, kann sich in die President Suite einmieten: mit 980 m² sollte man keine Platzprobleme bekommen.

› **Four Seasons Seychelles** €€€€ <053> Anse Petite, Tel. 4393001, www.fourseasons.com/seychelles. Die wohl luxuriöseste Unterkunft von Mahé. Die 67 Luxus-Villen oberhalb des Hanges der Anse Petite sind im typisch kreolischen Stil errichtet und verbinden Tradition mit allen Annehmlichkeiten eines internationalen Spitzenhotels. Von ihren großen Terrassen bieten sich speziell am Spätnachmittag phantastische Ausblicke. Mehrfach als beste Unterkunft der Seychellen ausgezeichnet.

› **Kempinski Seychelles Resort** €€€€ <054> Baie Lazare ㉕, Tel. 386666, www.kempinski.com/seychelles. Umgeben von den für Mahé so typischen, hoch aufragenden Granitfelsen, tropischer Landschaft und einer perfekten Bucht, bietet das Kempinski allen Komfort eines 5-Sterne-Resorts.

› **Lazare Picault** € <055> Baie Lazare ㉕, Tel. 4361111, www.seychelles-lazarepicaulthotel.com. Aus 16 Chalets bestehende Anlage für Selbstversorger etwas oberhalb des Strandes von Baie Lazare. Insgesamt schöne, gepflegte Anlage in toller Lage zu günstigen Preisen. Doch auch hier sollte man bedenken, dass für jegliche Aktivitäten außerhalb der unmittelbaren Umgebung ein Mietwagen notwendig ist.

› **Le Jardin des Palmes** €€€ <056> Anse à la Mouche ㉗, Tel. 4389100, www.jardindespalmes-seychelles.com. Angenehme, kleine Unterkunft, etwas oberhalb der touristisch ruhigen Anse à la Mouche. Die sehr geräumigen, gemütlich eingerichteten Bungalows aus edlem Holz vermitteln eine gepflegte und gleichzeitig relaxte Atmosphäre. Einziger Nachteil: Der Strand ist recht klein und zum Baden nur bedingt geeignet.

› **Maia Luxury Resorts and Spa** €€€€€ <057> Anse Louis, Tel. 4390000, www.maia.com.sc. Selbst im an Luxusresorts reichen Mahé eine luxuriöse Ausnahme. Die gepflegte Anlage zwischen Anse Marie Louise ㉑ und Anse Boileau ㉗ ist von einem Tropengarten umgeben. In ihr stehen 30 perfekt in die Landschaft integrierte Villen und Bungalows. Wohl kein Resort verbindet derart gelungen modernes Design und traditionelle Eleganz mit einer Prise fernöstlicher Spiritualität wie das Maia. Das hauseigene Spa wurde mehrfach zu einem der besten weltweit gekürt.

› **Maison Soleil** €€ <058> Anse Soleil Rd., Baie Lazare ㉕, Tel. 2712677, www.maisonsoleil.info. Auf der Zufahrt zum Four Seasons Hotel (s. links) auf einem kleinen Hügel gelegener Bungalow mit vier Wohneinheiten für Selbstversorger. Erbaut und geleitet von dem Künstler Andrew Ghee, dessen Studio in der Nähe liegt. Alle vier Studios sind großzügig, freundlich, hell und jeweils mit angeschlossenem Balkon/Terrasse erbaut.

▷ *Von der Sans-Souci-Straße ㉛ aus eröffnen sich immer wieder tolle Panoramen*

Essen und Trinken

› **Anchor Cafe** € <059> Anse à la Mouche ㉗, Tel. 4371289, geöffnet: tgl. außer So 11–21 Uhr. Nur durch die Straße vom Anse à la Mouche getrennt, sind besonders die köstlichen Fischgerichte (Red Snapper) zu empfehlen. Für Kids gibt's in diesem kinderfreundlichen Restaurant Spagetti und Burger. Dazu als Nachtisch den leckeren Pineapple Cake.

› **Chez Plume** €€ <061> Anse Boileau ㉗, Tel. 4355050, www.aubergeanseboileau.com/restaurant, geöffnet: tgl. 19–22 Uhr. In schönem Garten direkt im Ort Anse La Mouche ㉗ gelegen. Die Küche ist auf einheimisch-französische Fusion spezialisiert. In diesem Fischerort nicht überraschend, kann besonders das frische Seafood empfohlen werden. Eine Delikatesse ist unter anderem der Red Snapper in Safran-Sauce, als Nachtisch das Passionfruit-Soufflé.

› **Delplace Bar and Restaurant** €€ <062> Port Launay ㉙, Tel. 814111, geöffnet: Mo–Sa 9–17 Uhr. Direkt am Strand von Port Glaud gelegenes, ebenso stilvolles wie legeres Restaurant mit einer großen Auswahl an Gerichten. Besonders zum Sonnenuntergang zu empfehlen.

› **Maria's Rock Café** €-€€ <063> Baie Lazare ㉕, Tel. 361812, geöffnet: tgl. 11.30–15, 17–21 Uhr. Einem Piratenschiff nachempfundenes Restaurant mit ausgezeichneten Fisch- und Fleischgerichten. Spezialität des Hauses sind die auf der heißen Platte vor den Augen der Gäste zubereiteten Gerichte. Da es sich um ein offenes Restaurant handelt, Mückenspray nicht vergessen – die fühlen sich nämlich von den heißen Platten auch angezogen.

› **Veranda Café** € <064> Barbarons, Tel. 26003834, geöffnet: Mo.–Sa. 10–18 Uhr. Café/Restaurant an der Straße bei der Barbarons Bucht. Relaxter Ort. Auf der umlaufenden Veranda des schönen, weitläufigen Holzbungalows kann man den exzellenten Kaffee, Kuchen (Brownies!) und kleine Speisen genießen. Sehr freundliche Besitzerin. Im Innern des Hauses gibt es eine hübsche Boutique.

Das Inselinnere

EXTRATIPP

Wanderung von der Teefabrik zum Morne Blanc

Wer nicht mit dem eigenen Auto/Mietwagen unterwegs ist, nimmt den Bus Nr. 14, entweder von **Port Glaud** ㉙ oder **Victoria** und bittet den Fahrer, an der Teefabrik anzuhalten. Dort beginnt bei dem Schild „Hike Route to Morne Blanc" die eigentliche Wanderung. Von hier geht es entlang des Pfades über natürliche Treppen und Holzbrücken hinauf zum Morne Blanc (ca. 45 Minuten) – mit 667 m einer der höchsten Berge der Insel. Oben angekommen, bietet sich von einer von Menschenhand angelegten Plattform ein herrlicher Blick in den Nordwesten Mahés und die vorgelagerten Inseln.

Achtung: Obwohl es sich bei dieser Wanderung um eine der beliebtesten auf Mahé handelt, sollte man unbedingt Vorsicht walten lassen. Insgesamt ist ein Höhenunterschied von ca. 300 m zu überwinden. Besonders durch Nässe kann es zu Rutschgefahr kommen und man sollte gutes Schuhwerk anziehen. Bei Nebel kann man sich verlaufen. Deshalb sollte man am besten in Begleitung weiterer Wanderer losgehen.

㉛ Sans-Souci-Straße ★★ [C5]

„Ohne Sorgen" heißt übersetzt die nördliche Verbindungsstraße zwischen der Westküste bei **Port Glaud** ㉙ und **Victoria**. Tatsächlich scheint sie mit der tropischen Vegetation und den tollen Aussichten auf die Küste und das azurblaue Meer alle Klischees vom Tropenparadies Seychellen zu bestätigen.

Entlang der ca. 20 km langen, bis auf 500 m ansteigenden, windungsreichen Straße bieten sich einige interessante Stopps inklusive Wanderungen zu den Bergen im Inselinneren an.

㉜ Teeplantage ★★ [D5]

Der mit natürlichen Aromen wie Zimt, Vanille, Orange oder Zitrone versetzte Seychellen-Tee ist eine echte Spezialität der Seychellen. Nicht nur für jene, die sich über den Herstellungsprozess des Seychellen-Tees näher informieren möchten, ist der Besuch der einzigen Teefabrik des Inselstaa-

tes empfehlenswert – dies wegen der schönen Lage der kleinen Anlage unterhalb des Morne Blanc, einem der höchsten Berge der Seychellen.

Von dem hübschen Anwesen bieten sich tolle Ausblicke über die Insel und den Indischen Ozean. Theoretisch erhält man während einer knapp halbstündigen Führung durch die 1962 eröffnete Fabrik einen Einblick in den komplizierten Herstellungsprozess des Tees. De facto findet sich jedoch eher selten ein Angestellter, welcher hierfür zur Verfügung steht. Auch macht die ganze Anlage den Eindruck, dass hier schon seit vielen Jahren kein Tee mehr verarbeitet wurde. Ein kleiner Laden, in dem man typischen Seychellen-Tee kaufen kann, ist angeschlossen – ob er geöffnet hat, ist eine andere Frage.

33 Venn's Town/ Mission Lodge ★★ [D4]

Ein kurzer, kaum 100 m langer Abzweig von der **Sans-Souci-Straße** 31 führt zu einem kleinen Parkplatz, welcher den Zugang zur sogenannten Venn's Town bildet.

Benannt wurde der Ort nach dem Gründer jener Einrichtung, an der 1876 die **Kinder von Sklaven** unterrichtet und das heißt natürlich auch missioniert, sprich zum rechten Glauben erzogen wurden. Nachdem 1860 knapp 2500 Sklaven auf den Seychellen befreit wurden, sorgten sich in der Folgezeit einige Bürger um deren oft familienlose Kinder, die durch die Straßen streunten.

◁ *Die Teeplantage ist allein schon wegen der Ausblicke über die Insel einen Abstecher wert*

Wanderung zum Morne Copolia

Mit dem Bus Nr. 14 oder dem Mietwagen fährt man von Port Glaud 29 *oder Victoria entlang der Sans-Souci-Straße* 31 *bis zum Stopp „Nature's Own Garden". (Den Fahrer bereits beim Fahrtantritt darauf hinweisen, dass man dort für die „Copolia-Wanderung" aussteigen möchte.) Der eigentliche Aufstieg zum Copolia-Berg beginnt zunächst mit einem Abstieg. Man durchquert einen Wald mit Takamaka-Bäumen und kleinem Flüsschen, bis man zu einem Gebiet gelangt, das früher häufig von Waldbränden heimgesucht wurde. Nach etwa 300 m beginnt der recht steile Aufstieg. Entlang des Weges finden sich vornehmlich Zimtbäume, daneben Kautschukbäume und Palmen. Von der oberen Seite des Tales windet sich der Pfad auf der linken Seite aufwärts und wird dabei etwas anspruchsvoller. Stufen und kleine Brücken helfen, Wurzeln und Felsen zu überwinden. Die Kraxelei macht Spaß, erfordert jedoch auch Konzentration und Durchhaltevermögen. Ein letzter kurzer, aber steiler Anstieg über eine angelegte Leiter bringt einen bis zum Gipfel des Copolia. Von hier aus kann man den höchsten Berg, den Morne Seychellois, und die drei Spitzen des Trois Frères erblicken. Überquert man nun noch den Glacis, wird man für die Mühen des Aufstiegs mit einem großartigen Ausblick auf die Ostküste, den St. Anne Marine National Park (s. S. 54) und Praslin sowie La Digue belohnt. Vielleicht wird die Szenerie auch noch von einem vorbeifliegenden Tropikvogel veredelt.*

St. Anne Marine National Park

Mit Spenden der anglikanischen Kirche wurde schließlich am 20. März 1876 an diesem Punkt eine Missionsschule errichtet, um den heimatlosen Kindern ein neues Zuhause zu geben und gleichzeitig eine Schulausbildung zu gewähren. Das gut gemeinte Projekt musste jedoch kaum 10 Jahre später aufgrund mangelnder Spendengelder wieder eingestellt werden. Am kleinen Parkplatz finden sich noch einige Mauerreste der ursprünglich hier errichteten Häuser.

Der heute häufig gebrauchte Name **Viewing Lodge** geht auf das Jahr 1972 und den Besuch der britischen Königin Queen Elisabeth II. zurück. Ihr zu Ehren wurde eine überdachte Aussichtsplattform nur ein paar Gehminuten vom Parkplatz entfernt errichtet, von wo sich ein schöner Blick auf Victoria und die Umgebung genießen lässt.

Übernachten

› **The Station** ££ <U6S> Sans-Souci-Straße ㉛, www.thestationseychelles.com, Tel. 4225709. Umgeben von der frischen Luft im bergigen Inneren der Insel, bietet dieses Privathotel nur 6 geschmackvoll eingerichtete Zimmer und einen Bungalow sowie ein hübsches Café/Restaurant mit schönen Aussichten.

▷ *Dank Brendon Grimshaw (s. Exkurs S. 56) ein Inselparadies mit atemberaubender Flora und Fauna: Moyenne Island*

Von den diversen Aussichtspunkten oberhalb von Victoria sehen sie aus wie von Aldabra-Riesenschildkröten kurz vor der Landung auf Mahé im Meer zurückgelassene Rieseneier. Nur wenige Kilometer vor der Ostküste von Mahé liegen in unmittelbarer Nachbarschaft sechs Inseln, die seit 1973 unter dem Namen St. Anne Marine National Park zusammengefasst wurden. Die größte der sechs Inseln ist St. Anne mit 2,2 km², geradezu winzig ist **Round Island** ㊱ mit 0,18 km² und einem Durchmesser von knapp 200 m.

Zur Zeit der Drucklegung durften nur die Inseln **Cerf** ㊳ und **Moyenne** ㉟ im Rahmen von Tagesausflügen besucht werden. Ortsansässige Reisebüros bieten Touren an, die je nach Länge und Angebot (Gruppengröße, Picknick inkl., etc.) um die 60–100 € kosten.

Ursprünglich geschaffen aus der Notwendigkeit, die kleinen Eilande vor den Zerstörungen der modernen Zivilisation zu schützen, ist der Nationalpark heute ein Musterbeispiel für den Versuch, die natürliche Schönheit der Inseln zu bewahren und sie gleichzeitig zur finanziellen, sprich touristischen Wertschöpfung zu nutzen. Dabei ist es ganz erstaunlich wie elegant der Spagat zwischen diesen beiden grundsätzlich schwer zu vereinbarenden Interessen gelingt. Fast 40.000 Touristen besuchen jedes Jahr den Park im Rahmen von Ausflügen per Boot. Die Zahl mag auf den ersten Blick erschrecken. Aber der von ihnen auf den Inseln hinterlassene ökologische Fußabdruck ist dennoch verhältnismäßig gering, was in den Gesetzen

St. Anne Marine National Park

der Regierung zum Schutz der kleinen Inseln begründet liegt.

Hierzu zählen unter anderem die durch Bojen gekennzeichneten Wasserwege, die ausschließlich für den Bootsverkehr zugelassen sind. Genauso sind nur sozusagen sanfte Wassersportarten wie Windsurfen, Tauchen und Schwimmen erlaubt, der Fischfang ist eingeschränkt und die Inseln dürfen nicht über Stege betreten werden. Der von der Regierung seit Jahrzehnten propagierte Hochpreistourismus wird nirgendwo sonst so konsequent umgesetzt wie auf den sechs Inseln. Unter dem Motto „klein, aber fein" sind die auf den Inseln zugelassenen Resorts sehr übersichtlich und extrem teuer und wurden zudem unter sehr strengen Umweltauflagen errichtet.

34 St. Anne Island ★★ [F3]

St. Anne Island ist nicht nur der Namensgeber, sondern die am weitesten von Mahé entfernte und größte Insel des Parks. Historisch war sie der Ausgangspunkt der Plantagenwirtschaft auf den Seychellen. Heute beherbergt die im Inneren gebirgige Insel mit einem 87-Zimmer-Resort die mit Abstand größte touristische Einrichtung des Parks.

35 Moyenne Island ★★★ [F3]

Die faszinierende Geschichte des Inselbesitzers **Brendon Grimshaw** (s. S. 56) hat die kleine benachbarte Moyenne Island vor der touristischen Ausbeutung bewahrt. Abgesehen von einem Restaurant hat die ehemalige Pirateninsel keinerlei touristische Einrichtungen zu bieten. Der von Grimshaw angelegte Rundweg um die Insel bietet nicht nur tolle Ausblicke, sondern auch einen interessanten Einblick in die renaturierte Botanik der Insel.

36 Round Island ★★ [F3]

Round Island ist eigentlich nicht viel mehr als ein winziger Tropfen von 100 mal 200 Meter im Ozean. Dennoch kann es auf eine recht abwechslungsreiche Geschichte zurückschauen: Versteck für gefürchtete Piraten, Lepra-Station, Gefängnis und nun Heimat eines aus nur 10 Luxusvillen bestehenden Resorts – die ideale Hintergrundgeschichte für einen spannenden Hollywood-Film.

37 Long Island ★★★ [F3]

Beim Wettbewerb um den weißesten „Bacardi-Tropen-Strand" dürfte das von Kokospalmen überzogene **Long Island** mit zu den heißesten An-

wärtern auf einen Spitzenplatz zählen. Kein Wunder, dass die nur einen Steinwurf von **Round Island** ㊱ entfernte Insel seit Jahrzehnten auf dem Radar internationaler Hotelketten stand. Mit der Eröffnung des **Shangri-La Resorts & Spa** hat sie nun endgültig ihre paradiesische Unbescholtenheit verloren. Obwohl auch dieses Hotel beim Bau den strengen Auflagen der seychellischen Regierung unterlag, kommen doch bei den Ausmaßen dieses Projekts, das die gesamte Insel einnimmt, Zweifel an der offiziellen Politik des „sanften Tourismus" auf. Insgesamt 80 Villen und Suiten bedecken die Westseite der Insel. Der Clou der insgesamt über 50 Mio. € teuren Anlage ist eine Seilbahn, die die Gäste zum Spa auf dem Hügel im Inselinneren chauffiert – mit Zwischenstopp bei der Hochzeitskapelle entlang des Weges. Eine komplettere Vereinnahmung tropischer Eilande durch den internationalen Luxustourismus lässt sich wahrlich kaum denken.

㊳ Cerf Island ★★ [F4]

Cerf Island bildet den südlichen Abschluss der Inseln des Nationalparks. Bedingt durch ihre Nähe zur Mutterinsel Mahé (mit dem Boot nur 15 Minuten), finden sich hier recht viele Touristen und Einheimische zum Picknicken, Baden und Wandern ein. Im Übrigen gibt es auf der straßenfreien Insel einige Häuser von einheimischen Familien und zwei kleinere Hotelanlagen.

Brendon Grimshaw – mehr als ein moderner Robinson Crusoe

Eine Geschichte, ein Mann, ein Leben, das selbst Hollywood kaum hätte abenteuerlicher und faszinierender erfinden können.

Der Name des einzigen Darstellers des faszinierenden Stückes heißt Brendon Grimshaw. Geboren im Jahr 1925 im englischen Yorkshire, arbeitete er viele Jahre als Journalist in Südafrika, ehe er im Rahmen eines Urlaubs Ende der 1950-er Jahre zum ersten Mal auf die Seychellen kam. Mehr oder weniger zufällig landete Grimshaw dabei auf der kleinen Moyenne Island ㉟ nur wenige Hundert Meter vor der Küste von Mahés Hauptstadt Victoria.

„Im Moment als ich das erste Mal meinen Fuss auf die Insel setzte, wusste ich, dass ich hier leben wollte", beschrieb er seine ersten Eindrücke im Rückblick. Gesagt, getan. Nach einem Abendessen mit dem damaligen Besitzer erstand er das Eiland für 8000 Pfund. Zum damaligen Zeitpunkt war das seit über 50 Jahren unbewohnte Moyenne derart mit Büschen und Unterholz überwuchert, dass eine von der Palme fallende Kokosnuss nicht den Boden berühren konnte. Mithilfe eines

▷ *Strand auf Cerf Island*

von ihm angestellten Einheimischen machte sich Grimshaw daran, die Insel in sein eigenes kleines Paradies zu verwandeln. Als Erstes legte er einen Naturpfad durch den „Dschungel" an, der in den nächsten Jahrzehnten auf über 4 km anwuchs. Darüber hinaus „durchforstete" er nicht nur die gesamte Insel in jahrelanger harter Handarbeit, sondern pflanzte über 16.000 neue Bäume an. Darunter unter anderem majestätische Mahagonibäume, die inzwischen eine Größe von über 30 Metern erreicht haben. Gleichzeitig schuf er Lebensraum für über 2000 verschiedene Vögel, die sich seither hier angesiedelt haben. Und natürlich durften auch die für die Seychellen so typischen Riesenschildkröten nicht fehlen. Über 150 von den urzeitlichen Tieren leben nun über die Insel verstreut. Grimshaw war nicht nur Namensgeber für die meisten von ihnen, sondern verstand sich auch als ihr persönlicher Beschützer.

Auf die Frage, ob er sich jemals einsam gefühlt habe, antwortete er: „Ja, einmal zu meiner Zeit in London. Das war vor über 50 Jahren, aber niemals hier." In der Tat war Grimshaw alles andere als ein spleeniger Einsiedler. So entschloss sich sein Vater im gesegneten Alter von 88 Jahren, von England nach Mahé zu ziehen, um die letzten Jahre seines Lebens mit seinem Sohn zu verbringen. Seine Schwester zog mit ihrem Mann nach Mahé und eröffnete dort ein Café. Zur Finanzierung der aufwendigen Instandhaltungsarbeiten empfing Grimshaw Tagesausflügler von Mahé für 10 $ pro Person. Abgesehen von Einblicken in sein faszinierendes Leben unterhielt er sie mit engagierten Erzählungen von mit viel Fantasie angereicherten Piratengeschichten.

Dass Geld für Grimshaw nie mehr als Mittel zum Zweck war, bewies er über die Jahre immer wieder. Internationale Geldgeber sahen in seinem Inselparadies den idealen Standort zum Bau eines exklusiven Hotelresorts. Grimshaw, der selbst in einem bescheidenen, von ihm gebauten Holzbungalow lebte, lehnte selbst bei dem sagenumwobenen Angebot von 32 Millionen Euro dankend ab. Sein Lebensziel war nicht der Traum von einer Luxusjacht oder einem klimatisierten Traumhaus mit Butlern, sondern der langfristige Schutz seiner Insel. Kurz vor seinem Tod im Jahre 2011 wurde sein Wunsch erfüllt, indem Moyenne Island zu einem Nationalpark erklärt wurde.

Wahrlich eine Hollywood-Geschichte mit Happy End. Vielleicht wird daraus eines Tages tatsächlich noch ein Kinohit. Zu schön, um wahr zu sein? Vielleicht, aber das war die Geschichte von Brendon Grimshaw ja auch.

㊴ Île Cachée ★ [F4]

Die in unmittelbarer Nähe im Süden von **Cerf Island** ㊳ anschließende Insel Île Cachée hat einen großen Vorteil – sie ist derart winzig, dass sie zur kommerziellen Nutzung ungeeignet und dementsprechend vor den Auswüchsen der modernen Tourismusindustrie einigermaßen geschützt ist.

Unterkünfte

› **Cerf Island Resort** €€€€€ <066> Tel. 4294500, www.cerf-resort.com. Die insgesamt nur 12 Villen passen sich mit ihren natürlichen Materialien sehr stilvoll in die sie umgebende tropische Natur ein. Der Service lässt jedoch zu wünschen übrig.

› **Enchanted Island Resort** €€€€€ <067> www.enchantedseychelles.com, Tel. 4672727. Luxuriöses und selbst für die Seychellen sehr teures Luxusresort auf der winzigen Round Island ㊱. Vom eigenen Pool bis zum eigenen Butler bietet dieses exklusive Resort alles, was man für den königlichen Preis erwarten kann.

› **St. Anne Resort** €€€€€ <068> www.beachcomber-hotels.com, Tel. 4292000. Das beste der Resorts, die auf den Inseln vor der Küste von Mahé angesiedelt sind. Insgesamt 87 helle, moderne und geräumige Villas, von denen 29 über ihren eigenen Pool verfügen. Tolle Restaurants, exzellentes Spa und diverse Freizeitmöglichkeiten. Kein Wunder, dass selbiges seinen Preis hat.

PRASLIN

Die Insel Praslin wird häufig als „kleine Schwester" von Mahé bezeichnet. Kein schlechter Vergleich, sind doch die Ähnlichkeiten zur 45 Kilometer südwestlich gelegenen Nachbarinsel tatsächlich offensichtlich. Allein die Zahlen belegen es: Mit einer Fläche von knapp 26 km² – etwas über die Hälfte der Größe von Mahé – wohnen hier mit ca. 9000 Einwohnern gut 10 % der Gesamtbevölkerung der Seychellen.

Auch geografisch gibt es auffällige Gemeinsamkeiten: Umgeben von Sandstränden und im Inneren geprägt von einer hügeligen, mit Granitfelsen durchsetzten Landschaft, erinnert Praslin an **Mahé im Kleinformat**. Entsprechend bietet sich das Eiland ebenso für einige sehr hübsche Wanderungen im Inselinneren an. Das Ganze gestaltet sich, verglichen mit Mahé, als deutlich weniger schweißtreibend, ist es doch wesentlich flacher.

Die Hauptstrände und damit touristisch am meisten entwickelten Regionen liegen ähnlich wie auf Mahé im Osten und Nordosten, während der Süden noch fast gar nicht erschlossen ist. „Kleiner" bezieht sich auch auf die touristischen Einrichtungen: Ist doch auch in dieser Kategorie alles eine Nummer bescheidener. So weist das größte Hotel gerade einmal über 100 Betten auf und fast alle außerhalb der Hotels angesiedelten Gaststätten sind kleine familiengeführte Restaurants.

Im Gegensatz zu Mahé mit seiner Hauptstadt Victoria verfügt Praslin zwar über keine größere Ansiedlung, doch dafür mit dem **Vallée de Mai Na**tionalpark **47** über ein Weltkulturerbe im Inselinneren, welches jeder Besucher der Insel gesehen haben sollte.

Aus dem Westen kommend, erscheint Mahé angenehm beruhigend. Wer von dort die kurze Überfahrt nach Praslin hinter sich gebracht hat, merkt: Hektik ist hier fehl am Platz. Man hat Zeit und lässt sich nicht treiben. Gut so! Das sollten auch jene immer wieder zu beobachtenden Touristen bedenken, die mal wieder ob der vermeintlich „langsamen" Bedienung ungeduldig werden. Relax – wir sind im Urlaub, nicht auf der Flucht!

Der Nordosten

40 Baie Sainte Anne ★ [06]

Die sehr weitläufige Bucht sowie kleine Hafenstadt Baie Sainte Anne ist für die allermeisten Touristen so etwas wie **das Eingangstor nach Praslin**. Hier legt die Fähre von Mahé kommend an. Von den beiden unmittelbar vorgelagerten Inseln Round und Eve Island ist nur die erstgenannte eine „echte", weil letztere aus einer künstlichen Landaufschüttung hervorgegangen ist. Hier soll in den nächsten Jahren, ähnlich wie bei Eden Island **16** auf Mahé, eine neue Ansiedlung mit Hotels, Restaurants, Geschäften und Appartements entstehen.

Der erste Eindruck der Baie Sainte Anne entspricht den Erwartungen an ein typisches Tropenparadies: In der Bucht ankern Katamarane und Jachten, von denen die meisten als Charterboote (s. S. 130) für Tagesausflüge zu den vorgelagerten Inseln dienen. Im Hintergrund ragt das Grün des Inselinneren auf. Schnell stellt man jedoch fest, dass es hier keine Sandstrände gibt, weshalb die meh-

◁ *Vorseite: Wunderschöner Tropikvogel vor Praslin*

⓸ Naturpark Fond Ferdinand ★★ [06]

Aller Anfang ist schwer, manchmal sogar verheerend. Das gilt auch für den **Naturpark Fond Ferdinand** bei der Baie Sainte Anne ⓸. Ein ausgedehnter Waldbrand zerstörte Anfang der 1990er-Jahre weite Teile des ursprünglichen Waldes. Der dadurch entstandene Nährboden führte dazu, dass sich hier innerhalb von recht kurzer Zeit eine große Population der berühmten Coco de Mer Palmen (s. S. 102) entfaltete. Im wahrsten Sinne auf dieser Grundlage entschloss sich das Umweltministerium, das Waldgebiet zu einem Naturschutzgebiet zu erklären. Seit der Eröffnung im Jahr 2013 hat sich der 122 ha große Park zu einer Alternative zum berühmten Vallée de Mai Nationalpark ⓸ entwickelt. Dies hat sicherlich auch damit zu tun, dass der Eintritt hier nur etwa ein Drittel beträgt. Durch die Anlage von Naturpfaden und Aussichtspunkten bietet sich für Touristen und Einheimische die Möglichkeit, in einem noch relativ unberührten Teil der Insel das einzigartige Ökosystem aus nächster Nähe zu erleben. Neben den circa 860 Exemplaren an Coco-de-Mer-Palmen gibt es noch eine Vielzahl weiterer einheimischer Flora und Fauna zu bewundern.

› Nur im Rahmen von geführten Rundgängen zu besichtigen. 9.30 und 12.30 Uhr sind festgesetzte Zeiten, in der Hauptsaison werden weitere um 11 und 13.30 Uhr durchgeführt. Eintritt 125 SR/10 €.

⓸ Anse La Blague, Petite Anse, Grande Anse ★★ [P5]

Fährt man die Uferstraße Richtung Norden und biegt nach ca. 1 km, wo die Straße eine scharfe Linkskurve macht, in eine kleine Nebenstraße nach rechts, gelangt man nach ca. 2 km zur **Anse La Blague**. Obwohl sie zusammen mit den sie begrenzenden **Petite Anse** und **Grande Anse** zu den schönsten Buchten und Stränden der Insel gehört, haben sich hier erst wenige Hotels angesiedelt. Weite Strände wechseln sich mit kleinen, durch Granitfelsen abgetrennte Buchten ab. Wegen der geringen touristischen Entwicklung wirkt die Gegend noch herrlich unberührt. Ein ideales Plätzchen zum Seele-baumeln-lassen und um ein Picknick auszupacken.

Im Naturpark Fond Ferdinand stets präsent: die faszinierende Coco de Mer

㊸ Anse Gouvernement, Anse Matelot ★★ [05]

Wieder zurück auf der Uferstraße Richtung Anse Volbert ㊹, zweigt nach ca. 1 km eine nach Nordosten führende Straße zum L'Archipel Hotel ab (s. S. 64). Selbiges liegt äußerst pittoresk an der Anse Gouvernement. Selbst wer hier nicht wohnt, sollte der Anlage allein wegen der schönen Lage einen Besuch abstatten.

Die sich östlich an die Anse Gouvernement anschließende **Anse Matelot** gehört zu den einsamsten Buchten von Praslin. Kaum jemand verirrt sich zu dieser naturbelassenen Schönheit – was in allererster Linie daran liegt, dass sie nur über das Meer zu erreichen ist, da der ursprünglich zugängliche Fußweg inzwischen überwuchert und nicht mehr passierbar ist. Die einzige Möglichkeit, um dieses fast noch gänzlich unberührte Stück von Praslin zu erreichen, ist mit dem Boot oder (noch schöner) per Kajak.

㊹ Côte d'Or, Anse Volbert ★★★ [05]

Nur durch einen Felsvorsprung von der **Anse Gouvernement** ㊸ getrennt sind die ineinander übergehenden Buchten **Côte d'Or** und **Anse Volbert.** Im Vergleich mit ihrer großen Nachbarinsel sind sie das Äquivalent von Beau Vallon Bay ⓯ auf Mahé.

Ihre ideale Konstellation aus weitem, schneeweißen Strand, ruhigem, türkisfarbenem Wasser und weiten

Pittoreske Szenerie: Anse Gouvernement

Einer der schönsten Strände der Seychellen: Anse Lazio ㊺

Der Nordosten

Kokosplantagen im Hinterland bietet geradezu ideale Voraussetzungen für die Ansiedlung von Hotels. Wegen des hier seichten Strandes und dem geringen Wellengang sind sie besonders **für Familien mit Kindern** geeignet. So handelt es sich denn auch um die touristisch am meisten entwickelte Region der Insel. Nirgendwo sonst haben sich derart viele Hotels, Restaurants, Geschäfte, Tauchschulen und andere touristische Einrichtungen angesiedelt. Dennoch besteht – noch – kein Anlass zur Sorge. Der schneeweiße, fast 5 km lange Strand ist immer noch paradiesisch schön – vom Massentourismus scheint man hier noch Lichtjahre entfernt.

Die sich nordwestlich auf der anderen Seite einer felsigen Halbinsel anschließende **Anse Petite Cour** ist ein Privatstrand des La Reserve Hotel (s. S. 65). Ein Besuch mit vorheriger Anmeldung an der Hotelrezeption ist dennoch möglich und lohnenswert.

㊺ Anse Possession, Anse Takamaka, Anse Boudin ★★ [N4]

Die sich im weiteren Verlauf der Küstenstraße nach Norden anschließenden Anse Possession, Anse Takamaka und Anse Boudin sind idyllische Badebuchten. Große Teile der Anse Takamaka werden von dem oberhalb gelegenen Luxus-Resort der Raffle-Gruppe (s. S. 65) beherrscht. Auch hier sind wieder alle Komponenten eines Bilderbuchstrandes, wie schneeweißer Sand, seicht abfallendes, ruhiges Meer und überhängende Palmen vorhanden. Zudem eignen sich alle drei Strände prima zum Schnorcheln.

Im Ort **Boudin** findet sich ein Hinweisschild, welches nach links zum 2 km entfernten **Zimbabwe** weist. Entlang einer einspurigen, asphaltierten Straße geht es zum Teil steil bergauf. Leider ist der Zugang zur Bergspitze, auf der sich eine Sendestation befindet, durch einen großen

> **EXTRATIPP**
>
> **Anse Lazio 46 nach Sonnenuntergang**
> Um 18 Uhr, wenn die Sonne untergeht, hat man den Traumstrand für sich ganz allein. Zuweilen kommen noch ein paar Einheimische, ansonsten ist man „auf Du" mit diesem paradiesischen Stückchen Tropenstrand. Ausgerüstet mit einem Baguette, Käse und Wein genießt man dann das Rauschen des Meeres und den Sternenhimmel über sich wie ein perfektes Luxusarrangement.

Zaun versperrt. Entlang der Strecke bieten sich jedoch immer wieder tolle Aussichten.

46 Anse Lazio ★★★ [M4]

Zurück bis zur Abzweigung ist es gerade noch einmal 1 km bis zum Superstar unter den Stardstränden von Praslin. Die Anse Lazio befindet sich regelmäßig auf den **Hitlisten der schönsten Strände** der Erde.

Der weiße Sand ist fein wie Puderzucker, die Palmenkulisse malerisch, das Wasser klar, sogar die vielen bunten Fische wirken gutgelaunt. Das erstaunlichste an diesem Traumstrand ist, dass er so gut wie kaum touristisch kommerzialisiert ist. Abgesehen von einem kleinen Strandlokal, das sich gut in die Landschaft integriert, gibt es weder Hotels noch Restaurants oder Läden. Selbst Liegestühle oder Sonnenschirme wird man hier vergeblich suchen. Obwohl viele Hotels kostenlose Shuttle-Busse hierher anbieten, um ihren Touristen zumindest einmal einen Blick auf diese Traumbucht werfen zu lassen, wirkt sie nie überlaufen. In der Mittagshitze bearbeiten einige geschäftstüchtige Händler frisch gepflückte Kokosnüsse mit Macheten, stecken Strohhalme hinein und verkaufen sie für ein paar Euro, Dollar oder russische Rubel an durstige Touristen.

Unterkünfte

› **Colibri Guest House** € <070> Baie Sainte Anne 40, Tel. 4294200. Sehr schönes, von tropischem Blumengarten umgebenes Guest House mit individuellen Bungalows ganz in der Nähe des Jetty. Herrliche Ausblicke vom exzellenten und zudem recht günstigen Restaurant auf die Bucht. Der Nachteil ist, dass es keine Klimaanlage gibt und man so in der Nacht nur die Wahl zwischen schwitzen oder, bei geöffnetem Fenster, einer Mückenplage hat.

› **L'Archipel Hotel** €€€ <071> Anse Gouvernement 43, Tel. 4284700, www.larchipel.com. 23 Zimmer mit je 44 m² sind über die gesamte Anlage verteilt, weiter stehen dem Gast in diesem gepflegten Haus 8 Suiten im Haupthaus mit 60–120 m² zur Auswahl. Dazu neben einem Pool zwei hervorragende Restaurants in toller Lage.

› **Le Château de feuilles** €€€€ <072> Baie Sainte Anne 40, Tel. 4290000, www.chateaudefeuilles.com. Eines der schönsten Hotels der Seychellen, welches mit seiner Lage und Gestaltung ziemlich allen Klischees eines idealen Tropenhotels entspricht; abgesehen davon, dass es über keinen hauseigenen Strand verfügt. Dafür liegt es auf einem Hang mit wunderschöner Aussicht auf das azurblaue Meer. Seine Ausnahmestellung als exklusives Boutique-Hotel unterstreicht die Tatsache, dass sich die insgesamt nur 9 Bungalows weit verstreut in einer herrlich gepflegten Gartenlandschaft verteilen. In all dem Luxus sticht vielleicht noch der Jacuzzi am Berghang heraus. Hier nach Sonnen-

Der Nordosten

untergang entspannt den Sternenhimmel zu bewundern, ist dann in der Tat himmlisch.

> **Le Domaine de la Reserve** €€€€ <073> Anse Petite Cour, Tel. 4298000, www.domainedelareserve.sc. Keine große Hotelkette, dennoch und vielleicht gerade deshalb eines der besten Hotels auf Praslin, wenn nicht auf den ganzen Seychellen. Das Hotel verfügt über 8 Bungalows mit je 4 Wohneinheiten im traditionellen kreolischen Stil mit umlaufender Veranda und Reetdach, einen großen Pool und zwei exzellente Restaurants. Eines davon befindet sich sehr pittoresk auf einem Pier. Die gesamte Anlage liegt an einer traumhaften Privatbucht.

> **Le Duc de Praslin** €€€ <074> Cote d'Or ⓸, Tel. 4232252, www.leduc-seychelles.com. Klein, aber fein kommt das hübsche 28-Zimmer-Hotel an der herrlichen Côte d'Or daher. Verstreut über den wundervoll angelegten und gepflegten Tropengarten, finden sich 14 Doppel-Bungalows, welche alle den Spagat zwischen Tradition und Moderne spiegeln. Das dem Haus angeschlossene Café des Arts ist mit seiner feinen kreolischen Küche direkt am Strand eine der besten kulinarischen Adressen der Insel. Ausgezeichnetes Preis-Leistungs-Verhältnis.

> **Le Grand Blue** €-€€ <075> Baie Sainte Anne ⓰, Tel. 232437, www.seychelles.net/gbleu. Schöne Unterkunft oberhalb der Baie Sainte Anne mit herrlichem Blick auf selbige. Das ruhige, in einem Garten gelegene Haus verfügt über eine Küche und Barbecue. Frischer Fisch und andere Lebensmittel können im nahegelegenen Laden gekauft werden. Oder man geht im nur wenige Gehminuten entfernten Colibri Guest House (s. S. 64) essen. Gutes Preis-Leistungs-Verhältnis.

> **Les Villas d'Or** €€-€€€ <076> Côte d'Or ⓸, Tel. 4232777, www.seychelles.net/villador. Sehr geschmackvoll gestaltete Villen, die sich perfekt in die tropische Umgebung einpassen in herrlicher Lage direkt an der schneeweißen Côte d'Or. Jeder Bungalow verfügt über eine Küche, doch können auf Nachfrage auch Frühstück und Abendessen serviert werden. Alles in allem eine hervorragende Unterkunft!

> **Mango Lodge** € <077> Anse Volbert ⓸, Tel. 232077. Ein steiler und dementsprechend anstrengender Anstieg von der Anse Volbert führt zur Mango Lodge. Für die Mühen des Aufstiegs wird man mit traumhaften Aussichten belohnt. Speziell am Nachmittag von der Terrasse ein Erlebnis. Die Zimmer mit Kochnische und großem Wohn- und Schlafzimmer sind gemütlich, die Einrichtung aber etwas abgewohnt.

> **Paradise Sun Hotel** €€€€ <078> Anse Volbert ⓸, www.paradisesunhotel.com, Tel. 4293293. Durch einen für die Seychellen so typischen, pittoresken massiven Granitfelsen vom nördlichsten Punkt der Anse Volbert getrenntes 80-Zimmer Resort. Die einzelnen Villen verbinden harmonisch den rustikalen, gemütlichen Charme der kreolischen Architektur mit den Errungenschaften der Moderne. Jedes der hellen Appartements verfügt über einen großen Balkon oder eine Terrasse. Die Zimmer im Obergeschoss sind nicht allein wegen der Aussicht, sondern auch der größeren Privatsphäre vorzuziehen. Ausgezeichnetes Restaurant am Strand.

> **Raffles Praslin Seychelles** €€€€ <079> Anse Takamaka ⓹, Tel. 402296000, www.seychellesraffles.com. Ohne Frage ein der Exklusivität der Raffles-Gruppe entsprechendes Luxus-Resort oberhalb der Anse Takamaka. Jede der fast 100 über den Berghang oberhalb des Strandes verteilten Villen bietet Traumausblicke bis zur Nachbarinsel Curieuse ⓾ und darüber hinaus.

Essen und Trinken

- **Café des Arts** €€€ <080> Cote d'Or ㊹, Tel. 232170, geöffnet: täglich 8.30–21 Uhr. Dieses Lokal ist in jeder Hinsicht ein tolles Restaurant an der Côte d'Or. Neben seiner, wie es der Name bereits vermuten lässt, kunstvollen Einrichtung, überzeugt es mit seiner guten Strandlage, exzellentem Service und köstlichem Essen. Besonders stimmungsvoll am Abend.
- **Coco Rouge** €-€€ <081> Baie Sainte Anne ㊵, Tel. 4232228, geöffnet: täglich 9–21 Uhr, So geschlossen. Ausgezeichnete, authentische kreolische Küche in einfachem Ambiente zu günstigen Preisen. Gerichte auch zum Mitnehmen.
- **Gelateria de Luca** € <082> Anse Volbert ㊹, geöffnet: täglich 11–20 Uhr, So geschlossen. Im schwül-heißen Klima der Seychellen wünscht sich der Urlauber häufig nichts mehr als ein fruchtiges, erfrischendes Eis. Bei der Gelateria de Luca werden diese sehnsüchtigen Wünsche erfüllt. Darüber hinaus kann man hier auch diverse Pizzas und Nudelgerichte bekommen.
- **La Goulue Cafeteria** €-€€ <083> Tel. 4232223, geöffnet Mo–Sa 8–22.30 Uhr. Das Ambiente könnte einladender sein, doch dafür gibt es sehr leckeres, vornehmlich einheimisches Essen (Fischcurry!) zu für die Seychellen günstigen Preisen.
- **Les Lauriers** €€ <084> Côte d'Or ㊹, www.laurier-seychelles.com/en/restaurant. Stilvoll im einheimischen Stil errichtetes Restaurant in sehr schöner Lage und mit gemütlicher Atmosphäre. Jeden Abend Buffet, man jedoch auch à la carte bestellen. Besonders empfehlenswert sind die ausgezeichneten Fischgerichte.
- **Pirogue** €€ <085> Côte d'Or ㊹, Tel. 4236677, geöffnet: tgl. 8.30–23 Uhr, So geschl. Nur durch die Straße von der Côte d'Or getrennt, werden im Pirogue in angenehmem Ambiente köstliche kreolische wie auch internationale Speisen serviert.
- **PK's at Pasquiere Restaurant and Gastropub** €€ <086> Anse Boudin ㊹, Tel. 4236242, geöffnet Mo–Sa von 9.30–22.30 Uhr. Schön gelegenes Restaurant oberhalb der Anse Boudin ㊹ mit tollen Aussichten von der weitläufigen Terrasse. Von einem freundlichen Briten geleitet, ist es besonders für seine leckeren Fischgerichte (Schwertfisch) und seine vegetarischen Gerichte zu empfehlen.

Hochseefischen

- **Barracuda**, Côte d'Or ㊹, Tel. 4232241

Tauchen

- **Octopus Diving Centre** <088> Anse Volbert ㊹, Tel. 4232602, www.octopusdiver.com

Nicht ohne Grund UNESCO-Welterbe: der Nationalpark Vallée de Mai

Der Südwesten

㊼ Vallée-de-Mai-Nationalpark ★★★ [N6]

Fährt man vom Fährhafen in der Baie Sainte Anne ㊵ auf der Straße Richtung Westküste, erreicht man nach ca. 6 km entlang einer steilen und kurvigen Strecke den Gipfelpass. Hier befindet sich mit dem Vallée de Mai National Park eine der beeindruckendsten und bekanntesten Sehenswürdigkeiten der Seychellen.

Bei dem Vallée de Mai, seit 1983 UNESCO-Weltkulturerbe, handelt es sich um einen im Kern seit Jahrmillionen unberührten Urwald, in dem man über 4000 Exemplare der berühmten und einzigartigen Meereskokosnuss (s. S. 102) und viele andere endemische Baum- und Pflanzenarten findet. So ist der Valée de Mai Lebensraum für fünf weitere, ausschließlich auf den Seychellen vorkommende Palmenarten. Zudem sind hier zusätzlich 28 endemische, also nur auf den Seychellen beheimatete Pflanzen, zu finden. Darüber hinaus ist der Nationalpark Heimat einer Reihe weiterer äußerst seltener, zum Teil bedrohter Tierarten.

An erster Stelle muss hier der **Black Parrot** genannt werden. Von den geschätzten 30 bis 50 noch existierenden Exemplaren leben fast alle im Park. Weitere erwähnenswerte Vögel auf dieser Liste sind der Bulbul, der Sunbird und der Blue Pigeon.

Am Parkeingang erhält man eine Broschüre, auf der neben allgemeinen Erläuterungen auch die verschiedenen angelegten Naturpfade aufgeführt werden. Man hat die Wahl zwischen einem kurzen, nur 1 km langen Rundweg bis zum sogenannten Circular Path mit einer Länge von 2 km. Egal für welchen man sich entscheidet, alle sind für auch nur einigermaßen geübte Wanderer ohne Probleme zu meistern. Allerdings kann es bei Nässe etwas rutschig werden, weshalb trittfeste Schuhe angeraten sind.

EXTRATIPP

Wanderung von der Grand Anse zur Anse Volbert

Der Salazie- und der Pasquiere-Track sind schöne Wanderwege, die von Praslins **Grand Anse** ❹❽ auf die andere Inselseite führen. An der **Grand Anse** auf Praslin nimmt man zunächst die Einmündung an der Kirche und geht am **Britannia Guesthouse** entlang. Der asphaltierten Straße, die dann in einen Feldweg übergeht, folgt man etwa 30 Minuten steil bergan. An einer Weggabelung hält man sich geradeaus/leicht rechts und geht den weniger genutzten Weg, den **Salazie-Track**. (Der breitere Pasquiere-Track führt zur **Anse Possession** ❹❺.) Der Salazie-Track führt einige Meter über die grüne Ebene, auf der z. B. Farne und verschiedene Palmenarten zu sehen sind. Dann gibt es noch einen kleinen Anstieg bis auf die Passhöhe. Dabei wird der Blick auf die Küste und auf die vorgelagerte **Insel Cousine** ❺❶ immer besser. Dann geht es hinunter zur **Anse Volbert** ❹❹, wo der Weg auf die Küstenstraße mündet und zwar dort, wo ein Buswartehäuschen steht. Die Wanderung dauert mit kleinen Pausen zum Genießen der Natur etwa 1 Stunde und 45 Minuten. Bei der Inselüberquerung bekommt man einen kleinen Einblick in das Alltagsleben der Seychellois, die die Häuser am Berghang bewohnen. Ansonsten begegnen einem kaum Leute.

Eine Wanderung entlang der mit Erklärungstafeln ausgestatteten Naturpfade kommt einem Eintauchen in die Urzeiten der Erdgeschichte gleich. Ehrfurchtsvoll bestaunt man die bis zu 30 Meter hohen Meereskokosnussbäume mit ihren riesigen Blättern, die wie Fächer den Himmel bedecken. Aufmerksam lauscht man den Geräuschen des Waldes und hofft, das auffällige Zwitschern des Schwarzen Papageis zu hören. Je weiter man geht, desto urtümlicher, fast schon mystischer wird die Stimmung. Entlang des Circular Path bietet sich zudem ein Aussichtspunkt, der einen Überblick über die dicht bewaldete Region erlaubt.

Am Ende des Rundweges angelangt, wartet auf den Besucher ein kleines Café nebst Informationszentrum, wo man sich von dem ebenso lehrreichen wie faszinierenden und schweißtreibenden Vergnügen erholen kann.

› Geöffnet: tgl. 8–17.30 Uhr, Eintritt 20 €, Kinder unter 12 Jahre frei

❹❽ Grand Anse ★ [N6]

Fährt man vom Parkplatz gegenüber dem Besucherzentrum die Passstraße hinunter Richtung Süden, gelangt man nach etwa weiteren 5 km in den kleinen Ort **Grand Anse** – die größte Ansiedlung entlang der Südwestküste. Mehr als ein paar Tausend Einwohner hat diese auch nicht. Doch neben einer Kirche, einem Fußballplatz, Geschäften und sogar einer Art Diskothek stehen entlang der Bucht auch einige Hotels. Insgesamt ist die Südhälfte der Insel weit weniger touristisch erschlossen als der Norden. Das liegt sicherlich nicht zuletzt daran, dass die Strände des Nordens häufig wesentlich breiter sind und zudem mit ihrem sanften Gefälle mehr zum Schwimmen einladen. Im Übrigen reichen die Korallenriffe an der Westküste häufig bis an die Strände und machen so das Baden zu einem Problem. Zwischen Juni bis November werden sie zudem häufig von

Der Südwesten

Meeresalgen bedeckt. Dennoch ist es gerade die Naturbelassenheit, welche die Westküste zu einem attraktiven Ziel machen. Speziell die von Grand Anse nach Südosten verlaufende Straße ist zum Teil recht gebirgig und reicht bis nahe an die Küste.

49 Anse Kerlan, Anse Georgette ★★★ [L4]

Von Grand Anse 48 nach Norden gelangt man vorbei am kleinen Flughafen, schließlich nach mehreren Kilometern bis zu den drei die Westküste einrahmenden Traumbuchten Anse Kerlan, Anse Georgette und Anse Lazio 46.

Die beiden erstgenannten befinden sich auf dem Gelände des im Jahr 2000 eröffneten Luxus-Resorts Lemuria (s. S. 70). Dem sehr weitläufigen, auf dem Gelände einer ehemaligen Kokosplantage erbauten Hotel, ist ein herrlich gelegener Golfplatz angeschlossen. Viele zählen ihn zu einem der schönsten Tropen-Golfplätze der Erde.

△ *Anse Kerlan*

Übernachten

› **Anse Kerlan Beach Chalets** € <091> Tel. 4233593, www.ansekerlanbeachchalets.com. Zwei Appartements in großer Strandvilla in typischem kreolischen Stil an der herrlichen Anse Kerlan 49 für Selbstversorger. Jedes Appartement verfügt über eine weitläufige Veranda, von der sich die täglich immer wieder begeisternden Sonnenuntergänge genießen lassen. Wer keine Lust aufs Kochen hat, findet in Gehdistanz gute Restaurants.

› **Beach Villa Guesthouse** €-€€ <092> Tel. 4233445, www.beachvilla.sc. Sehr sympathische Pension direkt am Strand mit insgesamt 9 Zimmern. Ideal für Individualreisende, die mit für Seychellen-Verhältnisse wenig Geld, ruhig und entspannt die Inselwelt erkunden möchten. Das deutschsprachige Management bietet zahlreiche, sehr interessante Ausflüge unter anderem zu den vorgelagerten Inseln an. Hervorragendes Preis-Leistungs-Verhältnis.

› **Castello Beach Hotel** €€€ <093> Tel. 4298900, www.castellobeachhotel.com. Wie es der Name schon andeutet, im toskanischen Stil gestaltete, kleine Hotelanlage im Nordwesten der Insel. Nettes Management, 26 hübsche, über zwei Gebäude verteilte Zimmer, gutes Essen. Einziger Mangel ist der hier nicht besonders einladende Strand, doch dafür gibt es nicht weit entfernt beste Alternativen.

› **Coco de Mer/Black Parrot Hotel** €€€–€€€€ <094> Tel. 4290555, www.cocodemer.com. Diese beiden Schwesterhotels liegen in unmittelbarer Nähe an der herrlichen Anse Bois de Rose im Südwesten der Insel. Während das luxuriöse Coco de Mer über 40 Zimmer, herrlichen Pool, mehrere exzellente Restaurants und ein Spa verfügt, sind die nur 10 Luxussuiten im nur 200 m entfernten Black Parrot noch eine Kategorie höher anzusiedeln.

› **Constance Lemuria Resort** €€€€ <095> Tel. 4281281, www.lemuriaresort.com. Dieses 5-Sterne-Luxusresort gilt als eines der besten Tropenhotels weltweit. Atemberaubend ist allein schon seine phantastische Lage an den drei Traumstränden Anse Kerlan ㊾, Petite Anse Kerlan und Anse Georgette ㊾. Hervorragend sind auch die fünf über die weitläufige Anlage verteilten Restaurants, Ausgezeichnet geschultes, äußerst freundliches Personal. Bei der Zimmerwahl jene im ersten Stock der Villen vorziehen (Ausblick). Angeschlossen ist ein wunderschöner 18-Loch-Golfplatz (s. S. 13).

› **Indian Ocean Lodge** <096> Tel. 4233324, www.indianoceanlodge.com. Hübsche kleine Anlage bei der Grand Anse mit insgesamt 8 freistehenden Bungalows und 52 Zimmern. Pool und Spa sind angeschlossen, das hauseigene Restaurant ist ausgezeichnet.

› **Islander Guest House** €€–€€€ <097> Tel. 4233222, www.islander-seychelles.com. Das hübsche Islander Guest House ist eine schöne, vergleichsweise günstige Alternative für Individualisten, denen große Luxusresorts wie das Raffles oder Lemuria nicht zusagen. Die Bungalowanlage mit zweckmäßig eingerichteten Zimmern liegt zudem nicht weit entfernt von den Traumstränden des Nordwestens. Man hat die Wahl zwischen verschiedenen Kategorien und kann zwischen Selbstversorgung (Kiosk nur 5 Gehminuten entfernt) oder Essen im angeschlossenen Capricorn-Restaurant (s. u.) wählen.

Essen und Trinken

› **Bon Bon Plume** €€€ <098> Anse Lazio ㊻, Tel. 4232136, geöffnet: tgl. 12–15 Uhr (außerhalb dieser Mittagessenszeit werden Smoothies, Fruchtsäfte und Eis serviert). Über die phantastische Lage des Strandrestaurants am Anse Lazio ist oft und zu Recht viel geschrieben worden. Man sitzt auf einfachen Holzstühlen und Bänken mit Sandfußboden. Was überrascht, ist, dass es hier auch wirklich vorzügliches einheimisches Essen gibt. Die Fisch- und Currygerichte sind besonders zu empfehlen, wirklich toll sind auch die Salate – man sollte den Octopussalat probieren. Essensgericht nur mittags.

› **Capricorn Praslin** €€ <100> Anse Kerlan ㊾, Tel. 4233224, geöffnet: tgl. 8–23 Uhr, So geschl. Sehr leckeres einheimisches Essen mit toller Aussicht und freundlichem Service an der Anse Kerlan.

▷ *Ein einheimischer Naturführer erklärt Fauna und Flora der Insel Cousin*

Die vorgelagerten Inseln

Der Küste von Praslin sind mehrere kleine Inseln vorgelagert, die problemlos per Bootsausflug zu besuchen sind. Während sich einige von ihnen wie Cousine ❺❶ in Privatbesitz befinden und exklusive, extrem teure „Island Lodges" beheimaten, sind andere wie **Cousin** ❺⓿, **Curieuse** ❺❷, **Aride** ❺❹ und Bird in den letzten Jahrzehnten zu international renommierten Naturschutzgebieten umgewandelt worden.

Alle Hotels auf Praslin organisieren Ausflüge zu den vorgelagerten Inseln. Meist werden mehrere wie **Cousin** ❺⓿ und **Curieuse** ❺❷ im Rahmen einer **Ganztagestour** miteinander kombiniert, wobei auch ein BBQ-Mittagessen und Zeit zum Schnorcheln inbegriffen sind. Die Preise liegen bei etwa 100–150 € pro Person für einen Ganztagesausflug, inklusive Mittagessen und der Landegebühr (landing fee) für die unter Naturschutz stehenden Inseln. Falls möglich sollte man einen Ausflug mit einem Katamaran buchen, da diese besonders stimmungsvoll sind.

Um das Einschleppen von Ungeziefer zu unterbinden, dürfen Besucher die unter Naturschutz stehenden Inseln nur mit speziellen Zubringerbooten betreten. Dies hat zur Folge, dass alle Besucher vom Charterboot in ein kleines Boot umsteigen müssen, was in der Hauptsaison recht zeitaufwendig sein kann. Rundgänge über die Inseln, die unter Naturschutz stehen, dürfen nur in Begleitung der dort lebenden Naturkundler auf ausgewiesenen Pfaden unternommen werden. Sonnenschutz, Wasserflasche, Kameratasche und Mückenmittel sollten dabei selbstverständlicher Teil des Tagesrucksacks sein.

❺⓿ Cousin ★★★ [L6]

Die 27 ha kleine Granitinsel Cousin ist eine echte Erfolgsgeschichte. Vor 50 Jahren sah das noch ganz anders aus. Bei einer von Naturschützern im Jahre 1964 durchgeführten Untersuchung wurde festgestellt, dass fast die gesamte natürliche Fauna und Flora nach jahrzehntelanger Monokultur der Kokosindustrie verschwunden war. Mit großer finanzieller Unterstützung des britischen Unternehmers **Christopher Cadbury** (ja genau, der mit der Schokolade), konnte der World Wildlife Fund die Insel kaufen. In den ersten Jahrzehnten ging es in erster Linie um den Schutz der vom Aussterben bedrohten einheimischen Vogelarten: des Buschsängers und des Toc-Toc. Hierzu wurde im Laufe der Jahre ein Großteil der unter rein wirtschaftlichen Gesichtspunkten angepflanzten Bäume durch die ursprüngliche Vegetation ersetzt.

Der Erfolg dieser Maßnahmen ist wahrlich überwältigend. Während der Buschsänger und Toc-Toc längst von der Liste der vom Aussterben bedrohten Tierarten gestrichen wurden, leben auf der Miniinsel mit einem Durchmesser von kaum 300 Metern inzwischen über **300.000 Vögel**. Dabei sind die Tec Tec, Buschsänger, Feeseeschwalben und Fregattvögel, um nur einige zu nennen, derart zutraulich, dass man sie aus unmittelbarer Nähe beobachten kann, ohne dass sich die Vögel gestört fühlen. Dieser fast schon archaische Zustand der Natur hat dazu geführt, dass die Insel inzwischen auch wieder als Brutstätte von der vom Aussterben bedrohten Karettschildkröte genutzt wird.

Da es sich bei der Insel um ein **Naturschutzgebiet** handelt, darf sie nur im Rahmen einer über Hotels bzw. Reiseagenturen zu buchenden Führung betreten werden. Die meisten dieser Touren werden in Kombination mit einem Besuch der Insel Curieuse und einem dort abgehaltenen BBQ angeboten und dauern insgesamt etwa 7 Stunden. Die Gäste werden in englisch- und französischsprachige Gruppen eingeteilt und begeben sich mit geschulten Guides auf eine etwa einstündige Wanderung, bei der die verschiedenen Vogelarten und das Ökosystem erklärt werden. Da der Ausflug auch mit Wartezeiten verbunden ist, sollte man unbedingt genügend Wasser und einen Sonnenschutz dabei haben. Zudem ist die Mitnahme eines Mückenschutzes unabdingbar.

Je nach Angebot kosten die Ausflüge inklusive der zu entrichtenden Landungsgebühr 130–150 €. Sicherlich viel Geld, doch dafür erhält man auch ein einzigartiges Erlebnis.

🛈 Cousine ★ [K6]

Die in unmittelbarer Nähe zu Cousin 🛈 gelegene Cousine Island ist in Privatbesitz und beherbergt mit der Cousine Island Lodge eine der exklusivsten Unterkünfte der Seychellen. Dabei handelt es sich um nur vier im französischen Kolonialstil erbaute Villen inklusive Jacuzzi, Spa, Bar und Restaurant.

› **Cousine Island Lodge** €€€€€, PO Box 977, Victoria, Mahé, Tel. 4321107, www.cousineisland.com

▷ *Traumhafte Kulisse an einem der Strände von Curieuse*

◁ *Riesenkrabben wie diese gibt es auf Curieuse viele zu sehen*

52 Curieuse ★★★ [N4]

Die 3 km² große Insel Curieuse gehört wegen ihrer unmittelbaren Nähe zu Praslin zu einem der beliebtesten Ausflugsziele für Bootstouren. Tatsächlich hat sie mit ihren schönen Stränden, hervorragenden Tauchmöglichkeiten, attraktiven Wanderwegen und dem hier ansässigen Schildkröten-Reservat sehr viel zu bieten.

Die meisten Besucher landen an der schneeweißen Anse St. José. Dementsprechend dümpeln im azurblauen Wasser auch zahlreiche Katamarane und Segelboote.

Ein kleiner Spaziergang entlang des Strandes Richtung Nordwesten führt zu den Ruinen der hier im Jahre 1833 errichteten **Leprastation.** Die von Moosen, Farnen und Pflanzen überwucherten Mauerreste machen einen etwas unheimlichen Eindruck. Das gleiche gilt für die Überreste des etwas weiter nordwestlich gelegenen Friedhofs. Hier ruhen die Seelen jener Unglücklichen, die auf diesem verlorenen Fleckchen Erde als von Lepra Gezeichnete und Ausgesetzte ihre letzten Jahre verbrachten. Zurück zur Anse St. José findet sich das zu einem Museum umgestaltete Haus des Doktors, der sich hier um die Leprakranken kümmerte. Auf Schautafeln wird über die Geschichte der Station und ihrer Bewohner informiert.

Etwas zurückversetzt beginnt ein ca. 2 km langer Spaziergang. Zum Teil führt er über einen angelegten Plankenweg bis zur beeindruckenden **Riesenschildkröten-Aufzuchtfarm.** Entlang des streckenweise recht steilen Weges bieten sich immer wieder hübsche Aussichten über die Insel und den azurblauen Ozean. Mit etwas Glück hört oder sieht man sogar einen Tropikvogel mit seinem langen, schneeweißen Schwanz. Beeindruckend sind auch die entlang des Weges im Sandboden des Mangrovenwaldes Unterschlupf suchenden Riesenkrabben. Auch wenn man sie schon auf Praslin oder im **Botanischen Garten** ❿ von Mahé gesehen hat, sollte man den Anblick der zahlreichen Seychellenpalmen (s. S. 102) genießen – gehört doch Curieuse neben Praslin zu den einzigen beiden Inseln, wo sie ursprünglich ansässig waren und zum großen Teil noch heute sind.

Nach etwa einer Stunde Fußweg gelangt man zu der durch Einfriedungen gekennzeichneten **Aldabra-Riesenschildkröten-Aufzuchtfarm**. Der schweißtreibende Weg lohnt sich allemal, ist man hier doch von über 100 dieser riesigen und urtümlichen Tiere umgeben. Ohne jede Scheu vor Menschen streunen sie über den Grasboden auf der Suche nach Essbarem. Dabei strecken sie ihre Hälse sogar lang aus ihrem urzeitlich anmutenden Panzern, um von den Besuchern gestreichelt zu werden – ein ebenso uriges wie anmutiges Bild.

53 Les Soeur ★★ [S4]

Die beiden Inseln Petite Soeur und Grande Soeur liegen unmittelbar nebeneinander. Sie scheinen mit ihren schneeweißen Stränden und überhängenden Palmen geradezu einer Bacardi-Reklame entsprungen zu sein. Abgesehen von ihren Traumstränden sind sie ideal zum Schnorcheln und Tauchen geeignet.

54 Aride ★★★ [L1]

10 km nördlich von Praslin befindet sich die Insel Aride, die nördlichste der Granitinseln der Seychellen. Mit ihren steil vom Meer aufragenden Felsen weist die gerade einmal 1500 m lange und 500 m breite Insel eine ganz spezielle, attraktive **Topografie** auf.

Ebenso wie bei der Insel Cousin 50 handelt es sich bei Aride um eine ökologische Erfolgsgeschichte. Die Geschichte der beiden Inseln ähnelt sich auffällig. Ebenso wie Cousin war auch Aride bis in die 1960er-Jahre eine durch die Kokoswirtschaft genutzte Insel, welche erst durch den finanziellen Einsatz des britischen Unternehmers Cadbury (s. S. 71) in eine renaturierte Oase umgewandelt wurde. Heute ist sie so etwas wie ein ökologisches Eldorado, leben hier doch Zigtausende vormals fast ausgestorbener Vögel und Meeresschildkröten. Vorbei an Obstbäumen und Schmetterlingen flattern dem Besucher während des etwa einstündigen Rundgangs so einzigartige Vogelarten wie der Tropikvogel, der Seychellendajal und der Fregattvogel völlig ungestört um die Ohren.

Besonders lohnenswert ist der Aufstieg zum **Gros la Tôto**, dem mit 134 m höchstens Berg im Inselinneren. Von hier bietet sich eine grandiose Aussicht über die vorgelagerten Inseln und den azurblauen Ozean.

LA DIGUE

Wer nach La Digue kommt, hat das Gefühl, in ein Gemälde von Paul Gauguin einzutauchen: das türkisfarbene Meer, die schneeweißen Strände mit überhängenden Palmen und vom Meer glattgeschliffenen, scheinbar rosa schimmernden Granitfelsen und dem sich dahinter auftuenden sattgrünen Dschungel, der mit knallbunten Blumen durchsetzt ist. Die gerade einmal 5 km² kleine Insel ist betörend sinnlich schön. Der zur Wirklichkeit gewordene Südseetraum diente denn auch in den letzten Jahrzehnten immer wieder als Kulisse für Bacardi-Reklame und Designermodels – La Digue sells. Wer möchte schließlich nicht Teil des Paradieses sein?

Angesichts dieses Verführungscharakters ist es eigentlich ein Wunder, dass die Insel bis heute viel von ihrem ursprünglichen Charme und ihrer Schönheit bewahrt hat. Nach wie vor gibt es bis auf wenige Kleinlaster und Taxis keinen motorisierten Verkehr und man erkundet das Inselchen entweder per pedes oder mit dem Fahrrad. Das größte Hotel hat 70 Zimmer, dafür gibt es eine Vielzahl von Guest Houses, vor allem im Inneren der Insel. Wer auf die auf Mahé und Praslin immer dominanter werdende Luxus-Resort-Kategorie verzichten und sich dafür mit einfachen Unterkünften anfreunden kann, ist auf La Digue nirgends näher an der **Seele der Seychellen**.

▷ *Boote dümpeln im Hafen von La Passe*

◁ *Vorseite: Auf La Digue bietet sich die Fortbewegung per Drahtesel an*

Zur Atmosphäre der Insel, die nach einem französischen Marineminister aus dem 18. Jh. benannt ist, trägt sicherlich auch der freundliche Charme und der entspannte Lebensrhythmus der ca. 3000 Einwohner bei. Tempo, Hektik und Stress sind hier Fremdwörter.

Entsprechend sollte man die Insel auf sich wirken lassen. Sie ist in zwei Tagen leicht zu erwandern, ansonsten gibt man sich einfach den Anstrengungen des Tropenlebens hin: schwimmen, tauchen, schnorcheln und – mit einem Cocktail in der Hängematte liegend – traumhafte Sonnenuntergänge bewundern. La Digue hat Suchtpotenzial – bleibt nur zu hoffen, dass das auch so bleibt.

Nördlich vom Landungssteg

55 La Passe ★★★ [NG]

Nach Ankunft am Landungssteg an der Westküste der Insel hat man die Wahl: entweder nach links entlang der Küstenstraße Richtung Nordspitze und weiter in den Nordosten der Insel oder nach rechts, sprich in den Süden und Südwesten. Für welche der beiden Varianten man sich auch entscheidet, La Digue ist derart klein, dass man immer rasch mit dem Fahrrad an fast jeden Punkt der Insel gelangt. Und das heißt immer auch Weltklassestrände – das Markenzeichen von La Digue.

Zunächst empfängt einen unmittelbar beim Landungssteg der hübsche, kleine Ort **La Passe**. Die Kreuzung gleich nach Ankunft ist Drehpunkt des Touristenlebens, wobei die Gebäude sich der Lage entsprechend

in erster Linie den Bedürfnissen der von Praslin kommenden Besucher angepasst haben: Supermarkt, Boutiquen, Informationszentrum, Cafés, Reisebüros ... Im kleinen Pavillon am Zugang zum langen Landungssteg sitzen meist ältere Inselbewohner und wundern sich ob der „Massen an Langnasen", die hier jeden Tag per Fähre auf ihre Insel kommen. Im Übrigen bietet sich von hier ein toller Blick auf die Boote, die im türkisfarbenen Wasser des Hafens umherdümpeln.

56 Anse Severe ★ [R6]

So kommerzialisiert und touristisch das alles im ersten Moment auch scheinen mag – kaum hat man sich auf den Weg Richtung Norden begeben, schon bekommt man ein Gefühl für das, was die Insel auszeichnet: die Provinzialität einer in sich ruhenden Tropeninsel par excellence. Vorbei an einem großen Friedhof auf der rechten Seite führt der Weg zur langgezogenen **Anse Severe**. Da es hier kaum Unterkünfte gibt und zudem schattenspendende Takamaka-Bäume für natürlichen Sonnenschutz sorgen, ist der Strand meist nur spärlich frequentiert und bietet sich ideal zum Schwimmen und Picknicken an.

57 Anse Patates ★★ [R6]

Am Ende des Strandes führt die Straße auf eine kleine Anhöhe. Von hier, an der Nordspitze von La Digue, bieten sich atemberaubende Aussichten auf die quasi „um die Ecke" im Osten der Nordspitze gelegene Anse Patates. Beim Blick auf das azurblau bis türkisgrün schimmernde Meer mit den phantastischen Granitfelsen und den dazwischen sprießenden, lilafarbenen **Bougainvillea-Büschen** meint man, im zur Realität gewordenen Tropenparadies angekommen zu sein. Von den Terrassenrestaurants der zwei Hotels auf der anderen Straßenseite lässt sich die Traumkulisse in aller Gemütlichkeit bei einem Drink genießen.

Abgesehen vom Baden in den Buchten bietet sich die Anse Patates auch zum **Schnorcheln** an, gilt doch die Unterwasserwelt hier als besonders prachtvoll. Im türkisfarbenen Meerwasser können kunterbunte Fische entdeckt oder aber Wasseranemonen und Korallen bestaunt werden.

(58) Anse Gaulettes ★ [R6]

Die sich südlich anschließenden Strände entlang der Ostküste von der **Anse Gaulettes** bis zur **Anse Fourmis** eignen sich wegen starker Unterströmung (s. S. 48) nicht mehr zum Schwimmen. Im Übrigen sind sie zwar schön, können aber mit den zuvor gesehenen und denen an der Südspitze der Insel nicht konkurrieren. Da die Straße an der Anse Fourmis endet und es von dort nur noch über zum Teil schwer auszumachende Pfade entlang der Ostküste bis zu den bekannten Stränden **Anse Cocos** (64) und Grand Anse im Südosten geht, sind die Strände nur spärlich besucht.

Einfacher und schneller gelangt man an die Südostküstenstrände über den einzigen Pfad von La Passe (55), der die Insel überquert, oder entlang der Küste von der Anse Source d'Argent (62). Hierzu muss man lediglich bis zum Landungssteg zurückkehren und dann Richtung Süden fortfahren.

Südlich vom Landungssteg

Für die meisten Besucher ist der ca. 2 km lange Weg vom Landungssteg bis zur **L'Union Estate** (60) nicht viel mehr als eine möglichst schnell zu überbrückende Strecke, um zu den Traumstränden im Süden der Insel zu gelangen. Das ist schade, denn entlang des Weges erhält man viele hübsche Eindrücke vom friedvollen, **typischen Dorfleben** auf den Seychellen. Weiterhin bieten die zahlreichen von hier ins Inselinnere abgehenden Wege die Möglichkeit, die von tropischer Vegetation geprägte Insel abseits der Strände kennenzulernen. Hier finden sich auch die meisten der Guest Houses.

(59) Anse La Réunion ★★ [R6]

Entlang der sich südlich vom Ort La Passe anschließenden **Anse La Réunion** hat sich eine Reihe von Hotels angesiedelt. Tatsächlich handelt es sich bei der La-Réunion-Bucht um einen wunderschönen Strand an der Westküste mit perlweißem Sand und tollen Aussichten auf die Nachbarinsel Praslin. Besonders zum Schnorcheln ist der Strand bestens geeignet, da durch das absolut klare Wasser viele bunte Fische und andere Meerestiere entdeckt werden können.

(60) L'Union Estate ★★ [R7]

Das weitläufige Gelände der ehemaligen Kopra-Plantage **L'Union Estate** am Ende der Küstenstraße gibt interessante Einblicke in den Abbau und die Verarbeitung von Kokosnüssen. Die Kopra-Industrie war bis in die 1970er-Jahre die bedeutendste Einnahmequelle der kleinen Insel.

Landschaftlich äußerst reizvoll innerhalb eines hoch aufragenden **Palmenhains** gelegen, wird unter anderem von einem Arbeiter das Öffnen

Südlich vom Landungssteg

und Entkernen der Kokosnuss sehr anschaulich vorgeführt. Das ganze ist echte Knochenarbeit, zumal dann, wenn man sich die Temperaturen und die Luftfeuchtigkeit vor Augen führt. In einem überdachten, Schatten spendenden Unterstand wird eine traditionelle, ochsenbetriebene Kopra-Mühle vorgeführt – vorausgesetzt, der imposante Bulle macht nicht gerade eine kleine Pause.

Nicht weit von hier entfernt gelangt man zu einem Gehege mit mehreren **Riesenschildkröten**. Diese zum Teil weit über 100 Jahre alten Tiere sind an sich schon beeindruckend genug. Es trägt jedoch auch die Lage vor einem gewaltigen urzeitlichen Riesenfelsen zur Attraktivität des Ortes bei.

Unmittelbar hinter dem Schildkrötengehege steht mit dem **Plantation House** eines der ältesten und attraktivsten Gebäude aus den Anfängen der französischen Kolonialzeit. Der von einem Palmendach bedeckte Holzbau mit Veranda steht auf einem Granitfundament. Er war Wohnsitz einer der ersten und einflussreichsten Familien der Insel. Viele Jahrzehnte diente das stattliche Haus als Wohnsitz des Plantagenvorstehers. Danach durchlief es eine bemerkenswerte Metamorphose: Diente es doch unter anderem als Drehort für den Anfang der 1970er-Jahre weltweit Aufsehen erregenden Softporno „Emanuelle 2" und als Gasthaus des ehemaligen englischen Premierministers Tony Blair. Heute kann das Plantation House besichtigt werden, ist jedoch weit weniger spannend, als die Geschichte vermuten lässt.
› Geöffnet: tgl. 7–17 Uhr, Eintritt 125 SR

In der L'Union Estate sieht man, wie Kokosnüsse verarbeitet werden

61 Schiffswerft ★ [R7]

Weiter entlang der bald nur noch als Schotter- und Sandweg vorhandenen Straße kommt man an einer **alten Schiffswerft** vorbei. Obwohl sie offiziell geschlossen ist, scheint in dem Gebäude unmittelbar neben dem Strand immer noch eifrig geklopft, gehauen und geschweißt zu werden. Das direkt davor aufgebockte Schiff erinnert mit seinem Totenkopf auf dem Rumpf an nicht allzu lange zurückliegende Zeiten, als die Seychellen beliebter Ankerplatz für internationale Seeräuber waren. Unter Kennern gilt die Fahrrinne der Werft übrigens als Schnorchelparadies. Viele bunte Fische und Schildkröten sind hier fast immer zu sehen, allerdings sollte man auf die parallel zum Strand verlaufende Strömung achten.

Von hier ist es nur noch einen Steinwurf zum Restaurant **Anse Lanboussier**. Dort müssen alle Fahrräder abgestellt werden. Hier beginnt der Fußweg, mit dem man in fünf Minuten den **Anse Source d'Argent 62** erreicht.

62 Anse Source d'Argent ★★★ [R7]

Über einen Sandweg, flankiert von beeindruckenden Granitfelsen zur linken und dem Meer zur rechten, erreicht man den Strand aller Strände, das Mekka der Tropenstrandpilger, den Megastar unter den Traumstränden der Seychellen: die Anse Source d'Argent.

Selbst wer sich nach den Bilderbuchstränden von Mahé und Praslin als abgebrüht in Bezug auf vermeintlich perfekte Südseeromantik glaubt, wird hier eines Besseren belehrt. Die Anse Source d'Argent ist tatsächlich so zauberhaft schön wie in den Hochglanzprospekten der Reiseveranstalter. Im Grunde handelt es sich bei dem Strand um eine Aneinanderreihung von mehreren Buchten mit phantastischen, ins türkisfarbene Wasser hineinragenden Granitfelsformationen.

Direkt entlang der Buchten verläuft ein kleiner Weg, der die einzelnen Strände miteinander verbindet. Eingerahmt wird er von kunstvoll geformten Granitfelsen und tropischer Natur. So kann es auch nicht verwundern, dass mindestens ebenso viele Urlauber die Zeit zum Fotografieren wie zum Baden nutzen. Wer kann es ihnen verdenken angesichts der tollen Kulisse. Gleichzeitig haben die überall anzutreffenden Bilder von bis zur Taille im kristallklaren Wasser stehenden Touristen in Badehosen mit monströsen Kameras im Anschlag schon etwas Drolliges an sich.

◸ *DER Strand schlechthin: Anse Source d'Argent*

> **EXTRATIPP**
>
> **Früh aufstehen lohnt sich**
>
> Wer den besonderen Zauber des Naturschauspiels **Anse Source d'Argent 62** möglichst friedvoll und menschenleer erleben möchte, sollte früh erscheinen. Spätestens um 10 Uhr fallen die Tagesausflügler von Praslin ein und dann ist es mit der scheinbar ungetrübten Atmosphäre vorbei.

Strände südöstlich der Anse Source d'Argent

Die im Folgenden beschriebenen Strände im Süden und Südosten von La Digue können nur zu Fuß besucht werden.

Die sich südlich an die **Anse Source d'Argent** ❷ anschließende **Anse Pierrot** wird durch große Granitfelsen vom Hinterland abgetrennt. Nicht zuletzt durch diese natürliche Barriere finden sich hier nur ganz wenige Urlauber. Noch abgeschiedener und nur während der Ebbe über das Meer von der Anse Pierrot zu erreichen, ist der schöne Strand **Anse Bonnet Carré**. Mit seinem puderzuckerfeinen, hellen Sand und angenehm warmen Wasser eignet er sich bestens zum Baden abseits der Touristenstrände.

Der südlichste Punkt der Insel, ein großer herausragender Felsen mit

> **EXTRATIPP**
>
> **Wanderung um die Südspitze von La Digue**
>
> Etwas abenteuerlustig sollte man schon sein, wenn man die Umrundung der Südspitze La Digues in Angriff nehmen möchte. Der Weg geht je nach Abschnitt entlang der Küste, mitten durch Felsklippen hindurch, durch das Wasser und auch den dichten Regenwald. Der Weg beginnt ab der Anse Source d'Argent ❷ im Westen und endet an der Grand Anse ❸ im Osten. Hier ist es wörtlich zu nehmen, dass der Weg das Ziel ist. Unterwegs erheben sich links hohe, spektakuläre, nahezu unwirkliche Felsformationen. Aus dem Ozean ragen bizarre Felsnadeln, an denen sich die türkisen Wellen mit lautem Getöse brechen und meterhohe Wassersäulen emporschießen lassen. Dazwischen sind immer wieder wunderschöne, einsame Strände und geschützte Pools zu bestaunen. Man sollte sich einen guten halben Tag Zeit für diese Tour nehmen und am besten morgens beginnen. Abenteuerlustige können die Wanderung auf eigene Faust unternehmen, doch empfiehlt es sich, sich einer geführten, von vielen Unterkünften und Reiseagenturen angebotenen Tour mit einem lokalen Guide anzuschließen. Die Kosten hierfür liegen bei etwa 30 € für eine Halbtagestour, inklusive eines kleinen Picknicks unterwegs. Einer der bekanntesten Guides auf La Digue ist Robert Agnes (www.sunnytrailguide.net).

051se Abb.: tb

Strände südöstlich der Anse Source d'Argent

dem Namen **Pointe Jacques**, stellt sich zwischen die Südwestküste und die unmittelbar daran anschließende **Anse Marron**. Bei dieser zauberhaft schönen Bucht handelt es sich um zwei Pools, die von auf das Meer herausragenden Granitfelsen gebildet wurden, und neben ihrer ausgesprochenen Schönheit auch ideal zum Schwimmen geeignet sind.

Die Intensität der Farbkontraste zwischen dem azurblauen Meer, den braun-orangefarbenen, glattgeschliffenen Felsen, dem schneeweißen Strand und dem intensiven Grün der Vegetation macht die Anse Marron zu einer der attraktivsten der Traumstrände der Seychellen. Vorbei an diversen kleinen Stränden und Buchten wie der Grande L'Anse, und dem Pointe Canon erreicht man schließlich den Grand Anse ❻❸.

❻❸ Grand Anse ★★★ [R7]

Dieser längste Strand der Ostküste ist einfach über den quer über die Insel führenden Pfad von La Passe ❺❺ aus zu erreichen. Er gehört zu einem der am meisten besuchten Strände, im internationalen Vergleich ist das aber immer noch sehr wenig. Der Strand ist an seinen Seiten von den typischen Granitfelsen eingefasst und beeindruckt in erster Linie durch seine **Wildheit**. So einladend das azurblaue Meer und die hohen Wellen auch auf den ersten Blick scheinen mögen – vom Schwimmen wird aufgrund der starken Unterströmung (s. S. 48) dringend abgeraten. Trotz der Warnschilder sieht man zwar immer wieder Wagemutige oder Lebensmüde, die sich in die Wellen schmeißen, doch ein kühlendes Getränk im Strandlokal Loutier Coco (s. S. 86) ist auf jeden Fall sinnvoller.

> **EXTRATIPP**
>
> ### Wanderung auf den höchsten Berg von La Digue
>
> Bei diesem Ausflug kann man in kontemplativer Ruhe wandern, ist von einem Grün umgeben, das fast benommen macht, und genießt schließlich die atemberaubende Rundumaussicht auf La Digue sowie alle umliegenden Inseln. Das ist die Wanderung auf das **Adlernest (Nid d'Aigle)**, den mit 330 Metern höchsten Punkt der Insel.
>
> Man startet von der Straße, die aus der Richtung Bel Air kommt und hinter dem **Château St. Cloud** (s. S. 83) landeinwärts, links, nach oben führt. Wesentlich abwechslungsreicher aber ist es, sich von dort aus den Weg über die kleinen Bergpfade zu suchen, die aber im **Unterholz** versteckt oft nicht zu finden sind. Als Orientierung dienen die kleinen Berghütten, die gelegentlich wie aus dem Nichts auftauchen.

❻❹ Anse Cocos ★ [S7]

Direkt hinter der Grand Anse führt ein Weg zur Petit Anse und zur Anse Cocos. Dabei ist jedoch darauf zu achten, dass man beim ersten Anstieg an der Weggabelung nach rechts geht (auf einem Stein sind Pfeile sowohl geradeaus als auch rechts vermerkt). Wenn man geradeaus weitergeht, kommt man hinter dem Strand an einer Kuhweide heraus, muss diese überqueren und erreicht den Strand erst am östlichen Ende.

Der geschützt liegende Strand **Anse Cocos** ist durch einen Fußpfad vom Strand Grand Anse oder aber **Anse Fourmis** erreichbar. Das Schwimmen ist hier möglich, da Anse Cocos von den beiden Nachbarstränden Grand und Petit Anse geschützt wird.

Übernachten

La Digue ist ein Mekka für all jene, die das Wohnen in kleinen Pensionen den Luxus-Resorts auf Mahé und Praslin vorziehen. Allerdings ist in den letzten Jahren ein Trend zur zunehmenden „Veredelung" zu erkennen. Viele gerade der neu errichteten „Guest Houses" weisen inzwischen bereits einen Pool, schicke Terrassen und ein Restaurant auf.

Ein Großteil der Unterkünfte findet sich im gebirgigen Inselinneren, von wo sich gleichzeitig die tollen Aussichten zum Meer und die dschungelartige Atmosphäre der Insel erleben lassen.

› **Bernique Guest House** € <101> La Passe 55, www.berniqueguesthouse.com, Tel. 4234229. Dieses Guest House liegt idyllisch in der „Inselmitte", umgeben von einem tropischen Wald. Saubere, jeden Tag gereinigte, zweckmäßig eingerichtete Zimmer. Nette, einfache Unterkunft zu günstigem Preis.

› **Bois d'Amour** € <102> La Passe 55, Tel. 4234490, www.boisdamour.de. Einzigartige, aus nur drei Villen bestehende Anlage im Inselinneren. Mit viel Liebe zum traditionellen Baustil der Seychellen erbaute, neue und großräumige Doppel-Holzbungalows in naturbelassener Lage. Dennoch sind es mit dem Fahrrad nur ein paar Minuten zu den Stränden und nach La Passe. Das von einem deutsch-seychellischen Besitzerpaar errichtete und geleitete Haus legte beim Bau besonderen Wert auf den natürlichen Luftdurchzug. So steht es auf niedrigen Stelzen und zusammen mit Holzpanelen über Türen und Fenstern sorgt es für eine sanfte, natürliche Luftzirkulation. Frühstück und Abendessen werden auf Anfrage serviert. Ideale Unterkunft für Naturliebhaber! Sehr gutes Preis-Leistungs-Verhältnis.

› **Buisson Guesthouse** € <103> La Passe 55, www.buissonguesthouse.com, Tel. 2592959. Das kleine Guesthouse mit einem hübschen Garten liegt am Ende eines kleinen Weges, der Richtung Inselinneres führt. Das von den freundlichen Inhabern auf Wunsch jeden Abend servierte Essen ist ebenso zu empfehlen wie das leckere Frühstück.

› **Cabanes des Anges Guest House** €€ <104> La Passe, Tel. 4234112, www.cabanesdesanges.sc. Cooles und doch gemütliches Guest House inmitten eines gepflegten tropischen Gartens. Alle mit Objekten lokaler Künstler dekorierten Zimmer verfügen über handgefertigte Rattan-Möbel, Klimaanlage und eine recht große Küche. Auch ein allerdings recht kleiner Pool nebst diversen Lounge-Bereichen ist vorhanden.

› **Casa de Leela** € <105> La Passe 55, Tel. 4234193, www.casa-de-leela.bplaced.net. Schöne und geräumige Self-Catering-Appartements. Die sauberen Zimmer verfügen über eine moderne Ausstattung, u. a. mit Flachbildfernseher, Telefon und Mikrowelle. Von der großen Terrasse hat man einen schönen Blick in den Garten. Pool ist vorhanden.

› **Chateau St. Cloud** €€ <106> La Passe 55, Tel. 4234346, www.chateaustcloud.sc. Sehr geschmackvolles Hotel mit schönem Pool in idyllischer Dschungellage im Inselinneren. Die Anlage am Hang ist liebevoll gestaltet und tipptopp in Schuss. Große, geschmackvoll eingerichtete Zimmer (am schönsten ist die Kategorie Poolvilla) mit Balkonen, von denen sich tolle Aussichten bieten.

› **Cocotier du Rocher** € <107> La Passe 55, Tel. 4234489. Hervorragend in Stand gehaltene Anlage mit freundlichen Besitzern. Geräumige, geschmackvoll eingerichtete Zimmer mit hübschen Badezimmern (Regendusche). Von der Veranda bietet sich ein schöner Blick auf den gepflegten Garten. Die Halbpension

Übernachten

beinhaltet ein leckeres einheimisches Essen. Gutes Preis-Leistungs-Verhältnis.

› **Etoile Labrine** € <108> La Digue, Tel. 4235140, www.etoile-labrine.com. Ausgezeichnete Anlage in der Nähe der Anse Source d'Argent ❻❷. Die 8 Zimmer in vier Doppelbungalows verfügen über ein modernes, großes Badezimmer. Die ganze Anlage ist nicht nur deshalb in Topzustand, weil sie neu erbaut ist, sondern auch weil sich die herzliche Besitzerfamilie um alles liebevoll kümmert. Es empfiehlt sich, Halbpension zu buchen, da das Abendessen vielfach gelobt wird.

› **La Digue Island Lodge** €€-€€€ <109> La Passe ❺❺, Tel. 4292525, www.ladigue.sc. Hervorragende 73-Zimmer-/Villen-Anlage direkt am Strand. Die neun Zimmer im Kolonialgebäude sind ganz hübsch, doch der Clou sind die einzeln stehenden, von einem Palmdach bedeckten Bungalows im tropischen Garten. Alle verfügen über eine Terrasse mit Zugang zum Meer. Ein Pool, Spa und mehrere Restaurants unterstreichen die Qualität der Anlage.

› **La Diguoise Guesthouse** € <110> La Passe ❺❺, www.diguoise.com, Tel. 4234713. Familiäres Gästehaus im Inselinneren mit liebevoll gepflegtem Garten, Palmen und Teich. Das Frühstück wird auf der eigenen Terrasse zu vorher vereinbarter Zeit serviert, auch Abendessen sehr lecker. Ein friedlicher Ort zum Wohlfühlen.

› **Le Domaine de L'Orangerai** €€€ <111> Anse Severe ❺❻, Tel. 4299999, www.orangeraie.sc. Schöne 55 Zimmer-Anlage in traumhafter Lage. Mit seinem tollen Pool, Spa, herrlichen Aussichtsterrassen, zwei Restaurants und einer Bar für La Digue-Verhältnisse schon echter Luxus. Der Hotel-Strand ist nicht überragend, doch dafür sind es nur 10 Minuten per Fahrrad zu den Stränden Anse Patates ❺❼ und Anse Source d'Argent ❻❷.

› **Patatran Village** €€-€€€ <112> La Digue, Tel. 234333, www.patatranseychellen.de. An der Nordspitze der Insel gelegenes 17-Villen-Hotel. Nur von der Inselstraße getrennt, zwei Traumstrände mit tollen Schnorchelmöglichkeiten unmittelbar vor der Haustür. Die Villen sind auf einem kleinen Hang mit tollen Ausblicken erbaut. Besonders schön sind die Superior rooms. Herrliche Ausblicke auf das Tropenpanorama vom hauseigenen Terrassen-Restaurant.

An Unterkünften gibt es auf La Digue wahrlich keinen Mangel

Auf jedem Markt zu erstehen: frischer Fisch

› **Tannette Villa** €€ <113> La Passe 55, Tel. 4234039, www.tannettevilla.com. Inmitten der Insel, versteckt im Dschungel, befindet sich Tanettes Guesthouse, welches alles bietet, was man braucht, um sich vom Sightseeing zu erholen. Abends wird man mit abwechslungsreichen, kreolischen Speisen verwöhnt.

› **Villa Creole** € <114> La Passe 55, Tel. 4234105. Aus vier frei stehenden Villen im typisch kreolischen Stil bestehende Anlage auf dem Weg zur Anse Source d'Argent 62. Sehr großräumige, freundlich und geschmackvoll eingerichtete, klimatisierte Zimmer mit einer Küche, die diesen Namen auch wirklich verdient. Alles sehr gepflegt und sauber.

Essen und Trinken

Im Verhältnis zur Vielzahl von Hotels und Guest Houses auf der kleinen Insel ist die Auswahl an Restaurants eher bescheiden. Das liegt sicher zum Teil daran, dass viele Urlauber auf Selbstversorger-Basis wohnen und entsprechend selten ausgehen. Im Übrigen sind die von den meisten Unterkünften angebotenen Halbpensionen letztlich preislich günstiger und zudem oftmals mindestens gleichwertig zum teuren Essen im Restaurant.

› **Bernique** € <115> Anse la Réunion 59, Tel. 4234232, geöffnet: tgl. 8.30–22 Uhr. Das Restaurant gehört zu einer Pension und bietet einheimische und internationale Küche. Gelegentlich wird ein Buffet angeboten. Auch bei den Einheimischen beliebt, was immer ein gutes Zeichen ist.

› **Chez Jules** €-€€ <117> Anse Banane, Tel. 4234287, geöffnet: tgl. 11–21 Uhr. Das Chez Jules ist eine Mischung aus Bar, Café und Restaurant. Es stellt ein herausragendes Beispiel dar, in welchem Gegensatz Aussehen und Inhalt stehen können. Von außen sieht es aus wie eine Bretterbude, aber alles in diesem Lokal ist von erster Güte: vom leckeren Sandwich über die frisch zubereiteten Fruchtsäfte und Smoothies bis zu den Salaten, Fisch- und Currygerichten.

› **Chez Marston** €-€€ <118> La Passe 55, Tel. 4234023, geöffnet: tgl. 12–15, 17.30–21 Uhr, So geschl. Das Chez Marston ist wahrscheinlich allein schon

wegen seiner Lage an der Hauptstraße eines der meistbesuchten Restaurants von La Digue. Die Speisekarte reicht vom Fischfilet bis zur Pizza. Das Ambiente ist eher nüchtern, die Speisen o.k., werden aber sicher keinen Gourmetpreis gewinnen.

> **Fish Trap Bar & Restaurant** €€-€€€ <119> La Passe, Tel. 636100, geöffnet: tägl. 7.30–23 Uhr. Der erste Eindruck des etwa 1 km südlich der Anlegestelle am Strand gelegenen Restaurants mit seiner gelungenen Inneneinrichtung und dem hellen, eleganten Stil ist sehr einladend. Man hat die Möglichkeit, sowohl drinnen als auch am Strand zu sitzen. Die vornehmlich Fischspeisen und der Service lassen jedoch zu wünschen übrig, dazu ist es für La-Digue-Verhältnisse reichlich teuer. Wegen seines legeren und stilvollen Ambientes ist das Lokal dennoch zumindest auf einen Drink besuchenswert.

> **Gala Takeaway** € <120> La Passe **55**, geöffnet: tgl. 11–15 Uhr. Klassisches Take-away mit der üblichen Auswahl an köstlichen einheimischen Gerichten zu ebenso köstlichen Preisen.

> **Lanbousier – Union Estate** €-€€ <121> geöffnet: tgl. 11–16 Uhr. Zwischen der Kokosplantage und der Anse Source d'Argent **62** gelegenes, offenes Strandrestaurant mit leckeren einheimischen Speisen zu vernünftigen Preisen. Viele Reisegruppen, abends geschlossen.

> **Le repair** €€-€€€ <122> Anse Réunion **59**, http://lerepaireseychelles.com, Tel. 4234332. Hotelrestaurant mit leckeren Pizzen, Nudel- und Fischgerichten in gelungenem Ambiente. Man hat die Wahl zwischen Sitzbereichen drinnen und draußen. Allerdings recht teuer für das Gebotene.

> **Loutier Coco** €€ <123> Grande Anse **63**, Tel. 2514762, geöffnet: tgl. 12–15 Uhr. Einfaches – und einziges – Strandrestaurant am Grand Anse. Man sitzt auf langen Holzbänken mit den Füßen im Sand und genießt einen Drink oder das gute, aber doch etwas überteuerte Mittagsbuffet.

> **Pizzeria at Gregoire's** €-€€ <124> La Passe **55**, Tel. 4292525, geöffnet: tgl. 12–15, 17.30–20.30 Uhr. Die beste Pizzeria auf der Insel mit prima Pizzen und Nudelgerichten in klimatisiertem Raum.

> **Snack Bellevue** € <125> geöffnet: tgl. 11–20 Uhr. Nur nach schweißtreibendem Aufstieg auf dem Weg zum Nid d'Aigle gelegenes Lokal mit absolut phantastischen Aussichten. Das Essen ist für einen Snack o.k. Wer sich die Mühe sparen will, nimmt das Taxi – insbesondere wer den grandiosen Sonnenuntergang von hier erleben möchte, da der steile Rückweg nach Einbruch der Dunkelheit gefährlich sein kann.

> **Tarosa Café-Bar und Restaurant** € <126> La Passe **55**, Tel. 4234407, geöffnet tgl. 7.30–22.30 Uhr. Offenes Café und Snack-Restaurant am Fähranleger von La Digue, am Wochenende manchmal auch Disco oder Live-Musik.

DIE SEYCHELLEN ERLEBEN

Feste und Folklore

Wohl jeder Seychellen-Urlauber wird es während seiner Reise erlebt und lieb gewonnen haben. Jeden Sonntag, dem Feiertag, treffen sich die Seychellois mit der ganzen Großfamilie am Strand zum Picknicken – und das bedeutet immer auch Musik (möglichst aus einem unübersehbaren und vor allem lauten Ghettoblaster). Wenn auch nicht so ausgeprägt wie etwa in der Karibik, so sind die Seychellois doch sehr fröhliche, feierfreudige Menschen – entsprechend ist das nächste Fest meist nicht weit.

In den Tänzen und der **Musik** spiegelt sich – ähnlich wie in ihrer Küche – der multiethnische Ursprung der Bevölkerung. So hört man neben französischen Folkloreliedern und karibischen Hits auch fetzige Disco-Rhythmen. Mit Abstand am beliebtesten ist jedoch die klassische Musik der Bewohner der Seychellois, der sogenannte **„Sega"**. Diese sehr rhythmische, aus Musik und Tanz bestehende Ausdrucksform geht in seinen Ursprüngen wohl auf die Insel Mauritius zurück, von wo sie mit ihren Einwanderern schließlich auf die Seychellen gelangte. Ähnlich wie die Musik der schwarzen Sklavenarbeiter im Süden Amerikas, diente sie dazu, die langen, mit harter körperlicher Arbeit gefüllten Stunden auf den Feldern zu verkürzen. Diese Tradition aufgreifend, wird sie heute auch wieder häufig zur Unterhaltung in den Abendstunden beim Lagerfeuer von einheimischen Künstlern in den Anlagen von Hotels aufgeführt. Dagegen ist grundsätzlich nichts einzuwenden, doch am authentischsten sind selbstverständlich die nicht arrangierten, spontanen Feste der Einheimischen, denen man mehr oder weniger zufällig am Strand oder bei einer häuslichen Feier begegnet.

Eine weitere ausgezeichnete Möglichkeit, mit der einheimischen, kreolischen Kultur in Kontakt zu kommen, ist die alljährlich im Oktober im Rahmen des **Festival Kreol** stattfindende **International Creole Parade**. Von seinen bescheidenen Ursprüngen Anfang der 1980er-Jahre hat sich das Festival inzwischen zu einem 10-tägigen Spektakel entwickelt, welches auf speziell dafür errichteten Bühnen, an traditionellen Veranstaltungsorten, in Kunstgalerien, Bars und an diversen Stränden klassische kreolische Kultur vermittelt. Musiker, Tänzer, Maler, Fotografen und Schauspieler aus den Seychellen und anderen kreolischen Ländern wie Mauritius und La Réunion zei-

---

Offizielle Feiertage

› 1./2. Januar: Neujahr
› Karfreitag
› 1. Mai: Tag der Arbeit
› Fronleichnam
› 5. Juni: Tag der Befreiung
› 18. Juni: Nationalfeiertag
› 29. Juni: Unabhängigkeitstag
› 15. August: Mariä Himmelfahrt
› 1. November: Allerheiligen
› 8. Dezember: Mariä Empfängnis
› 25. Dezember: Weihnachten

Wie in vielen anderen Ländern gilt auch auf den Seychellen die arbeitnehmerfreundliche Regel: Fällt ein Feiertag auf einen Sonntag, so ist der darauf folgende Montag ebenfalls arbeitsfrei.

◁ *Vorseite: Kokosnüsse sind schmackhaft und gesund*

gen ihre Kunst und stärken damit ein über viele Jahrzehnte als rückständig empfundenes Kulturerbe. Den Höhepunkt stellt der dem Kölner Karneval vergleichbare Umzug durch die ganze Stadt dar, an dem sich Teilnehmer und Besucher in aufwendige Kostüme kleiden und im Rhythmus der kreolischen Musik tanzen.

Der offizielle Festtagskalender ist stark von religiösen Feiertagen geprägt, gehören doch fast alle Bewohner der Seychellen zur katholischen Kirche.

Kulinarische Entdeckungen

Wer an die Seychellen denkt, hat in erster Linie Bilder von Traumstränden, tropischer Natur und tollen Hotels im Sinn. Die einheimische Küche spielt bei der Reiseentscheidung, wenn überhaupt, eine eher untergeordnete Rolle. Dabei zählt sie unter Kennern zu einer der besten im Indischen Ozean und wird bei zurückkehrenden Urlaubern meist als eine der unerwarteten und positivsten Überraschungen ihres Aufenthaltes bewertet.

Die regionale Küche ist immer Ausdruck der Bewohner eines Landes und damit ihrer kulturellen Wurzeln sowie der geografischen und klimatischen Gegebenheiten. Entsprechend spiegelt sich in der Küche der Seychellen der multikulturelle Einfluss aus Afrika, Europa (in erster Linie Frankreich) und Asien (speziell Indien, aber auch China) ebenso wie das reichhaltige lokale Angebot an Fisch und Gewürzen aller Art.

Fisch und Meeresfrüchte aller Art sind die Grundlage des Essens der Seychellen: Thunfisch, Makrelen, Bonito, Haifisch, Kingfish, Kakatoi, Bourgois, Hummer, Krebse und Langusten sind nur eine kleine Auswahl der reichlich vorhandenen Fische, die verzehrt werden. Abgesehen von der beeindruckenden Vielfalt kommen sie in vielen verschiedenen Arten der Zubereitung auf den Tisch: vornehmlich gegrillt, aber gern auch gekocht, gebraten oder gebacken. Wenn man zudem die enorme Vielfalt der einheimischen **Gewürze** wie Nelken, Zimt, Kardamon, Gelbwurz, Knoblauch, Minze, Muskat und Chili in Betracht zieht, kann man ermessen, welche Bandbreite den Köchen zur Verfügung steht. Dabei ist es mehr die harmonische Abstimmung der verschiedenen Gewürze zueinander, welche die Eigenart der einheimischen Speisen ausmacht. Serviert wird der Fisch meist mit Reis und Gemüse, zum Beispiel Tomaten, Süßkartoffeln oder Auberginen. Verglichen mit vielen asiatischen Ländern ist die einheimische Küche eher würzig als scharf.

Integraler Bestandteil fast jeden Gerichtes: frischer Fisch

Kulinarische Entdeckungen

EXTRATIPP

Take-away

Sie möchten auf den bekannt teuren Seychellen günstig, authentisch-einheimisch und lecker essen? Kein Problem, des Rätsels Lösung heißt Take-aways. Bei diesen kleinen, gänzlich unscheinbaren Läden handelt es sich um kulinarische Fundgruben, in denen man „wie bei Muttern" essen kann. Ausgeschildert oder auch nicht befinden sie sich nicht nur in der Hauptstadt Victoria, sondern in fast jedem Dorf. Speziell gegen Mittag sind sie mit den sich davor bildenden Schlangen von Einheimischen nicht zu übersehen.

Ob nun leckere Salate wie „Octopus-Salat", leckere Currys wie Chicken oder Fish Currys, Eintöpfe wie Beef Stew oder eher westlich angehauchte Speisen wie Chicken Mushroom – die ganze Bandbreite der multiethnischen Küche der Seychellen steht zur Auswahl. Das ganze zu für Seychellen-Verhältnisse supergünstigen Preisen. So zahlt man für die in eine Styroporschachtel eingepackten Gerichte kaum mehr als 3 €. Wenige dieser Take-aways verfügen auch über eine kleine, mit Stühlen ausgestattete Sitzecke. Ansonsten sucht man sich ein hübsches Plätzchen (auf den Seychellen sicherlich das kleinste Problem) und genießt ein typisch seychellisches Essen.

Das gilt auch für die auf den Seychellen beliebten, aus Indien eingeführten Currysorten. Das Wort *Curry* an sich ist ja eine englische Verballhornung des indischen Begriffes *karhi*, was so viel wie „Soße" bedeutet. Wobei jede dieser Soßen entsprechend der unterschiedlichen Verwendung der Gewürze anders schmeckt – auf die Mischung kommt es an! Im Übrigen sorgt die Verwendung der reichlich vorhandenen Kokosnussmilch bei der Zubereitung der Curry-Gerichte für eine zusätzliche Entschärfung.

Currys bieten sich auch als Alternative für all jene an, die keinen Fisch mögen, da sie in vielfacher Form auch als Gemüse-, oder Fleischcurrys angeboten werden. Hühner- Ziegen-, Schweine- oder Rindfleisch sind dabei besonders beliebt. Wer es jedoch etwas ungewöhnlicher mag, sollte die in diversen Restaurants angebotenen Flughund-Currys versuchen. Was auf den ersten Blick wenig einladend wirken mag, ist in der Tat sehr lecker.

Häufig wird zu Beginn der Mahlzeit eine Suppe, eine **Bouyon**, serviert. Meist handelt es sich dabei um Fisch- oder Gemüsesuppen, die zusammen mit dem immer bereitstehenden weißen Reis gegessen werden.

Ein von den englischen Kolonialherren übernommenes Gericht sind die beliebten **Stews**. Diese Eintopfgerichte können sowohl als Gemüse- als auch als Fleisch-Stews, meist Rindfleisch, geordert werden.

Eine besonders bei Touristen beliebte Vorspeise ist der sogenannte **Millionärssalat**. Seinen Namen verdankt er dem Umstand, dass er aus dem Herz der Palmiste-Palme hergestellt wird, die jedoch nicht gefällt werden darf. So muss man warten, bis sie wegen Sturm oder Altersschwäche umfällt. Warten kostet Geld, entsprechend teuer ist der Salat.

▷ *Klein, aber fein: Die lokalen Tante-Emma-Läden sind immer sehr gut bestückt*

Kulinarische Entdeckungen

Getränke

Traditionell trinken die Einheimischen zum Essen Wasser. Meist wird es ungefragt und unentgeltlich serviert. Wen der chlorhaltige Geschmack nicht stört, kann es unbedenklich trinken, da es auf allen hier beschriebenen Inseln den WHO-Bestimmungen entspricht. Wer lieber abgefülltes Wasser möchte, kann dies gegen Bezahlung bestellen.

Alternativ kann man den einheimischen Tee probieren. Seine spezielle Note erhält er dadurch, dass er mit einer der zahlreichen auf den Seychellen wachsenden Aromastoffe wie Vanille, Zimt oder Zitronelle verfeinert wird. Als alkoholische Alternative bieten sich neben Bier und Wein auch einheimische Alkoholika an. Das einheimische Bier heißt *Seabrew* und wird vor Ort seit Anfang der 1970er-Jahre in Kooperation mit einer deutschen Brauerei nach dem deutschen Reinheitsgebot gebraut. Wein muss hingegen importiert werden und ist entsprechend teuer.

Abgesehen von dem bei der einheimischen Bevölkerung noch beliebten *Calou* – einem aus dem Saft von unreifen Kokosnüssen hergestellten, schnell alkoholisierenden Getränk – finden sich noch viele verschiedene Rumsorten im Angebot der lokalen Supermärkte.

Am populärsten ist hierbei der nach einem der häufigsten lokalen Bäume benannte **Takamaka-Rum**, der in verschiedenen Geschmacksrichtungen angeboten wird.

Die wichtigsten Speisen und Getränke

› **Bouyon Bre:** Suppe aus Chinakohl mit Gewürzen (u. a. Knoblauch, Ingwer, Pfeffer)
› **Kari Pwason:** Eine Vielzahl verschiedener Fische lässt sich zu Fischcurry verarbeiten, dem man durch Beimischung von Tamarinden einen leicht säuerlichen Geschmack gibt.
› **Kari Zouri:** Kremiges Oktopuscurry, das mit frischer Kokosmilch und Zimtblättern zubereitet wird.

> **EXTRATIPP**
>
> **Lokale mit Aussicht**
>
> **Mahé**
> › **La Plage** (s. S. 36): Stilistisch sehr gelungenes Strandrestaurant in Beau Vallon ⓯ mit tollen Fisch- und Pastagerichten. Ideal zum Sonnenuntergang – am besten mit einem der köstlichen *Sundowner*.
> › **Delplace Bar and Restaurant** (s. S. 51): Das auf Mahé gelegene Restaurant vereint eine breite Auswahl an schmackhaften einheimischen wie westlichen Speisen mit einer herrlichen Aussicht auf das türkisblaue Meer von Port Glaud. Besonders zum Sonnenuntergang zu empfehlen.
> › **La Scala** (s. S. 36): Eines der besten Restaurants auf Mahé in toller Lage auf einem Felsen am südwestlichen Ende der Beau Vallon Bay ⓯.
>
> **Praslin**
> › **Café des Arts** (s. S. 66): In diesem mit Kunstobjekten verzierten Restaurant ist der Name Programm. Besonders abends schöne Atmosphäre direkt am Strand.
>
> **La Digue**
> › **Snack Bellevue** (s. S. 86): Prima Zwischenstopp während des Aufstiegs zu La Digues höchstem Berg. Belohnt wird man für die Mühen mit einer grandiosen Aussicht auf die Inselwelt um La Digue.

› **Ladob Banan:** Beliebter Nachtisch, bei dem Bananen mit Zucker, Salz und Vanille in Kokosmilch gekocht werden.
› **Lasos Kreol:** Sauce aus Tomaten, Zwiebeln, Bilimbifrüchten, Knoblauch, Ingwer und Chilischoten, die zum Marinieren von Fisch oder als Sauce dient.
› **Lasoup Pwason:** Suppe von zartem, weißem Fisch, der mit Zwiebeln in Öl angebraten und dann mit Wasser und Gewürzen aufgekocht wird.
› **Lasoup Tektek:** Muschelsuppe aus winzigen weißen Muscheln, die am Strand gesammelt werden, meist mit Kürbis
› **Pwason Griy:** Gegrillter Fisch (z. B. Thunfisch) wird meist in Knoblauch, Ingwer, Zwiebeln und Pfefferschoten mariniert und mit einer exotisch-pikanten kreolischen Sauce aus einheimischen Gewürzen zu Reis serviert.
› **Pwason Sale:** Gesalzener, getrockneter Fisch; wird hauptsächlich in der fischärmeren Jahreszeit (während des Südostmonsuns) angeboten.
› **Satini:** Zu allen Gerichten können Chutneys aus einheimischen Früchten wie Mango oder Papaya oder auch Kokosnuss gereicht werden.
› **Stek Ton:** Frischer Thunfisch, der in kreolischer Sauce mariniert und dann gegrillt oder gehackt wird.

Shopping

Um es gleich vorweg zu sagen: Wer in der Hoffnung auf die Seychellen reist, mit schönen Souvenirs wieder nach Hause zu fliegen, wird mit großer Wahrscheinlichkeit enttäuscht werden.

Mit weniger als 100.000 Einwohnern sind die Seychellen eines der kleinsten Länder der Erde, deshalb konnte hier kaum ein ausgeprägtes Kunsthandwerk entstehen. Der internationale Tourismus hat sich zudem erst seit relativ kurzer Zeit in einem größeren Ausmaß entwickelt. Im Übrigen wird man Shopping Malls vergeblich suchen. Selbst in der Hauptstadt Victoria gibt es nur wenige Geschäfte, die sich auf den Tourismus spezialisiert haben.

Bis auf eine Ausnahme handelt es sich bei den zu erstehenden Souvenirs zudem um recht günstige Produkte, sodass die Reisekasse im ansonsten teuren Land nicht zusätzlich belastet werden muss. Ein Beispiel für vergleichsweise günstige, **landestypische Mitbringsel** sind Halsketten, Ohrringe, Gürtel, Anhänger und Ringe aus dem Holz der im Überfluss vorhandenen Kokosnüsse. Motive sind häufig landestypische Symbole wie die Coco de Mer (s. S. 102) oder Umrisse der Inseln. Ketten und Armbänder, die meist in Erdtönen gehalten sind, lassen sich geschmackvoll zu bunten Kleidern kombinieren.

Weitere beliebte und recht preiswerte Mitbringsel sind der gute **Tee** und **Gewürze** von Mahé sowie exotische Parfüme, die aus tropischen Pflanzen, Blüten und Wurzeln hergestellt werden (Kreolfleurage ⓬, Anse Nord d'Est, Mahé).

Groß ist die Auswahl an Vasen, Figuren und anderen Gegenständen aus **Keramik** in einer sogenannten *Seypot*, einer Vereinigung verschiedener Töpfereien.

Schöne **Briefmarken** mit Tier- und Pflanzenmotiven bekommt man beim speziell für Sammler eingerichteten Philatelistenschalter der **Hauptpost** ⓫ in Victoria. Ein cremiger Kokosnusslikör ist der **Coco d'Amour**, der aus dem Inneren der Coco de Mer-Nuss gewonnen wird. Er ist nicht zuletzt deswegen sehr beliebt, da er in einer exotischen Flasche abgefüllt wird, die die Form einer Seychellennuss hat.

Ansprechend, aber mit mehreren Hundert Euro auch nicht billig, sind die in minutiöser und langwieriger Handarbeit gefertigten **Bootsmodelle**. Der Bau des originalgetreuen Miniaturmodells eines Dreimasters aus dem 18. Jh. kann mehrere Monate dauern.

Mit Preisen von mehreren hundert bis mehreren Tausend Euro wirklich tief in die Tasche greifen muss derjenige, der sich für Werke der sehr vielfältigen und lebendigen **Kunstszene** der Seychellen interessiert. In den Studios der Künstler (s. S. 94) selbst, in Galerien in Victoria oder in Hotellobbys werden Gemälde, Drucke, Aquarelle, Skulpturen und Vasen von Künstlern angeboten, die auf den Seychellen leben. Sicher kein billiges Vergnügen, doch dafür eine einzigartige Erinnerung an die Inselwelt der Seychellen.

Eine originale **Seychellennuss**, eine Coco de Mer (s. S. 102), ist sicher das originellste Andenken, kostet aber umgerechnet mindestens 150 €. Zudem sollte man bedenken, dass nur eine mit einem Originalzer-

▷ *Dieser Stand ist vollgepackt mit einheimischen Souvenirs*

Die vielfältige Kunstszene der Seychellen

Die Seychellen stellen alles bereit, was sich ein Künstler als Inspiration für seine Arbeit nur wünschen kann: die satten Farben und die Vielfalt der Formen der Blumen und Bäume, das türkisfarbene Meer und die sie einrahmenden Granitfelsen, zusammen mit dem sich im Laufe der Tageszeit mehrfach wandelnden Licht und dem gemächlichen, scheinbar von der Hektik der Moderne noch kaum berührten Leben der Einheimischen. Kein Wunder also, dass sich die Seychellen in den letzten Jahrzehnten zu einem Eldorado für Künstler entwickelt haben.

Speziell Mahé und Praslin sind denn auch Heimat einer sehr lebendigen Kunstszene. Die allermeisten der genannten Künstler verfügen über ihr eigenes Studio, wo man ihnen bei der Arbeit zuschauen kann.

Das Studio von Michael Adams 26, dem im Ausland bekanntesten Künstler der Seychellen, kann man im Westen von Mahé besichtigen.

Tom Bowers ist ein international erfolgreicher Bildhauer, der sich auf Bronze-Skulpturen spezialisiert hat. Themen seiner Arbeiten sind unter anderem Figuren des täglichen Lebens und Schildkröten.

> **Tom Bowers Sculpture Studio** <127> Les Cannelles Rd, Anse à la Mouche 27, Souther Mahé, geöffnet: Mo-Sa 9-18 Uhr, Tel. 371518

George Camille lässt sich in seinen Werken vom Indischen Ozean inspirieren, seine Schildkröten, Porträts und Naturschauspiele von Acryl bis Wasserfarbe sind täuschend echt!

> **Kaz Zanana Gallery**, Revolution Avenue, Victoria, Mahé, geöffnet: Mo-Fr 9-17, Sa 9-13 Uhr

> **George Camille Studio**, Wavelength, Le Rocher, P.O. Box 237, Mahé, www.georgecamille.com

Nigel Henris spezielle Handschrift liegt in seinen von satten Farben und starker Strukturierung geprägten Acryl-Bildern. Zu seinen Lieblingsthemen gehören Szenen aus dem Alltagsleben und der Unterwasserwelt.

> **Nigel Henri Art Gallery & Studio**, Beau Vallon 15, Northern Mahé, geöffnet: Mo-Sa 10-17 Uhr, Tel. 715353

Andrew Gee gilt als einer der führenden Aquarellmaler von Mahé. Bei der Wahl seiner Motive lässt er sich von der natürlichen Schönheit seiner Insel inspirieren: Palmen, Strände, Blumen und die Unterwasserwelt sind immer wiederkehrende Themen.

> **Maison Soleil** (siehe auch S. 50), Anse Soleil Road, Baie Lazare, Mahé, geöffnet: Di-Sa 10-17 Uhr, Tel. 712677, www.andrewgee.weebly.com

Egbert Marday ist einer der interessantesten und vielseitigsten Künstler der Seychellen. Als Maler und Bildhauer bedient er sich einer ganzen Reihe von Werkstoffen wie Acryl, Öl, Holz, Sand und Metall. Seine sowohl abstrakten wie auch figürlichen Darstellungen zeigen vornehmlich Szenen aus dem Alltagsleben.

> **Kreasyon Beau-Et-Mien**, La Misère, Mahé, Tel. 378456

Natur erleben

tifikat versehene Coco de Mer ausgeführt werden darf, da sie vom Aussterben bedroht ist und nur 2000 Exemplare jährlich zum Verkauf von der Regierung freigegeben werden. Blankpoliert und lackiert werden sie häufiger am Markt in Viktoria angeboten. Ansonsten kann man sein Glück bei der **Seychelles Island Foundation** (www.sif.sc) in Victoria versuchen.

Gänzlich die Finger lassen sollte man von dem immer noch angebotenen Schmuck und anderen Gegenständen aus **Schildpatt**, dem Panzer der vom Aussterben bedrohten Karettschildkröte, die unter Naturschutz steht. Gemäß den Bestimmungen des Washingtoner Artenschutzabkommens ist jeglicher Handel mit bedrohten Tierarten oder Teilen davon untersagt; ebenso deren Einfuhr nach Deutschland, Österreich oder in die Schweiz.

Einer der ersten Eindrücke nach Ankunft auf Mahé ist neben den überweißen Stränden die fast schon übermäßig satte, tropische Natur. Dabei bilden die Granitfelsen einen herrlichen Kontrast zum hellen Strand. Viel scheint sich nicht verändert zu haben seit Ankunft der ersten Siedler im 18. Jh. So nannten sie die Seychellen denn auch sehr treffend **Îles d'Abondance**, „Inseln des Überflusses". Verwundern kann dies angesichts der geradezu überbordenden tropischen Natur nicht. Die Seychellen sind ein einziges Naturwunder, denn in keinem anderen Land der Welt leben so viele seltene Tiere und wachsen so **einzigartige Pflanzen**, Bäume und Blumen, wie auf den 115 Inseln im Indischen Ozean. Besonders die drei Hauptinseln Mahé, Praslin und La Digue sowie der sie umgebende Ozean sind ein Mekka für Pflanzen- und Blumenliebhaber, ein Paradies für Ornithologen und Meeresbiologen. Das ganzjährig tropische Klima zusammen mit einer hohen Luftfeuchtigkeit und reichlich Niederschlägen bilden die ideale Grundlage für diesen Garten Eden.

Die Einbeziehung der einheimischen Natur ist ein typisches Merkmal der Seychellenkunst

Natur erleben

Geologie

Die wie Boten einer urzeitlichen Epoche aus dem Dschungel und an den Stränden sich auftuenden, rundgeschliffenen **Granitfelsen** sind mehrere Hundert Millionen Jahre alt. Sie waren ursprünglich Teil des Urkontinents Gondwana. Als dieser vor etwa 200 Mio. Jahren in die drei Kontinente Afrika, Asien und Südamerika auseinanderbrach, blieben die winzigen Seychellen-Inseln wie Murmeln im Indischen Ozean zurück. Zwar ist nur ein gutes Dutzend der insgesamt 115 Inseln, aus denen sich die Seychellen zusammensetzen, aus Granit, doch gehören mit Mahé, Praslin und La Digue die drei mit Abstand bedeutendsten dazu.

Die **weit abgelegene Lage** der Seychellen (1600 km bis an die Ostküste Afrikas, 900 km bis nach Madagaskar und 3500 km bis an die Westküste Indiens) hat dazu geführt, dass sich hier eine einzigartige, von der Außenwelt kaum beeinflusste Fauna und Flora entwickeln konnte. Die gewaltigen Distanzen des Ozeans führten zwangsläufig dazu, dass keine neuen Tier- und Pflanzenarten aus anderen Kontinenten in die Natur des Inselreiches eindringen konnten. Das hat zur Folge, dass es auf den Seychellen urzeitliche Tiere und Pflanzen gibt, die ausschließlich hier leben und einen Eindruck vom Leben auf der Erde von vor mehreren Hundert Millionen Jahren liefern.

Bestes Beispiel hierfür sind denn auch die beiden bekanntesten Vertreter der einheimischen Flora und Fauna: die Meereskokosnuss Coco de Mer (s. S. 102) und die wahrlich beeindruckende Aldabra-Riesenschildkröte.

Fauna

Die Aldabra-Riesenschildkröte

Sie erscheint nicht nur uralt, tatsächlich ist die Aldabra-Riesenschildkröte ein Bote aus einer Zeit, die Hunderte von Millionen Jahren zurückliegt, als die Seychellen noch Teil des Urkontinents **Gondwana** waren. Heute können die Tiere z. B. im **Botanischen Garten** ⓿ oder in einem der vielen tropischen Gärten der Ho-

◹ *Boten der erdgeschichtlichen Urzeit: die faszinierenden Granitfelsen auf den Seychellen*

telanlagen von Touristen bewundert werden, was fast schon ein integraler Bestandteil eines jeden Seychellenurlaubs ist. Dies ist deshalb umso erstaunlicher, da diese Schildkrötenart bis vor nicht allzu langer Zeit als ausgestorben galt. Ihr zartes, leckeres Fleisch stellte die ideale Wegzehrung für Seefahrer dar, die auf den Seychellen einen Zwischenstopp auf ihren monatelangen Reisen einlegten. Da sie zudem einladend zutraulich sind und keinerlei Menschenscheu kennen, waren sie ein im wahrsten Sinne des Wortes gefundenes Fressen – insbesondere da sie viele Monate an Bord ohne Nahrung und Wasser auskommen. Schließlich galt die Aldabra-Riesenschildkröte seit Mitte des 19. Jh. als ausgestorben. Rein zufällig entdeckte man erst 1995 wieder ein Exemplar und begann mit der Wiederaufzucht.

Die Aldabra-Riesenschildkröte hat einen glatten und runden Panzer. Am auffälligsten ist ihr im Verhältnis zum Körper sehr kleiner Kopf, der kaum aus dem Panzer herausragt. Männliche Tiere können bis zu 250 Kilogramm schwer werden und haben einen Panzer, der zwischen 100 und 122 cm lang ist. Die weiblichen Aldabra-Riesenschildkröten weisen ein Maximalgewicht von 160 Kilogramm auf und sind etwa ein Viertel kleiner als ihre männlichen Artgenossen. Sie können bis zu 250 Jahre alt werden, das Durchschnittsalter liegt allerdings eher bei 80 Jahren.

Weit über 90 % der auf 100.000 Exemplare geschätzten Gesamtpopulation leben auf der Hauptinsel des **Aldabra-Atolls**, Grande Terre, im Indischen Ozean, etwa 1500 km südwestlich der Hauptinsel Mahé. Darüber hinaus gibt es noch etwa 5000 Exemplare in Zoos, Hotelanlagen und in privater Hand. Für viele Urlauber gehört es zu den besonderen Erlebnissen, diesen urzeitlichen und sehr zutraulichen Tieren den lang ausgestreckten Hals zu kraulen.

Reptilien und Insekten

Ein anderer bei Touristen sehr beliebter Vertreter der einheimischen Tierwelt ist der niedliche **Gecko**. Besonders nach Sonnenuntergang befindet er sich meist nahe einer Lichtquelle, um auf Insektenjagd zu gehen. Seine Fähigkeit, selbst an den steilsten und äußerst glatten Untergründen zu verweilen, verdankt er seinen einem Saugnapf vergleichbaren, sehr feinen Haaren an den Fußsohlen. Sein Name beruht übrigens auf den Gecko-ähnlichen Lauten die er zuweilen von sich gibt. Diesen drolligen Vertreter der einheimischen Reptilien sollte man seiner Arbeit ungestört nachgehen lassen, erweist er sich doch als ideales Insektenvernichtungsmittel.

Insekten und speziell **Spinnen** gehören für die meisten Besucher si-

◨ *Ein Wahrzeichen der Seychellen: die Aldabra-Riesenschildkröte*

Natur erleben

cher nicht gerade zu den Favoriten innerhalb der weitgefächerten Tierwelt der Seychellen. Auf den Seychellen zählen Zoologen sie dafür jedoch zu den interessantesten, weil etwa zwei Drittel von ihnen als endemisch gelten, sprich nur hier vorkommen. Im Übrigen haben sie einen für Touristen enormen Vorteil – sie sind wie alle Tiere auf den Seychellen ungefährlich. Dies gilt auch für die zwei auf den Inseln lebenden Skorpion-Arten.

Vogelwelt

Für Ornithologen sind die Seychellen ein besonders lohnendes Reiseziel. Nicht nur, weil es hier eine Reihe endemischer Vögel gibt, sondern auch deshalb, weil einige sehr lobenswerte und weitreichende Programme zum Schutz der einheimischen Vogelwelt durchgeführt werden. Besonders Mahé und Praslin sowie die vorgelagerten Inseln Cousin 50 und Bird bieten sich zur Erkundung der einheimischen Vogelwelt an. Die beiden Letztgenannten sind reine **Vogelinseln,** auf welchen seit vielen Jahren aufwendige Schutzprogramme zur Regeneration einheimischer Vogelarten betrieben werden. Im Rahmen von Bootsausflügen werden jedes Jahr Tausende von Touristen Zeuge der dort lebenden Vögel und ihrer Lebensgewohnheiten. Von den zu Beginn der Kolonialisierung auf den Seychellen existierenden 16 einheimischen Vogelarten sind inzwischen zwei ausgestorben, der Seychellen-Sittich und der Serin. Einige weitere Vogelarten stehen auf der Liste der vom Aussterben bedrohten Tierarten.

> **LITERATURTIPP**
>
> **Nützlicher Ratgeber**
> **Was kriecht und krabbelt in den Tropen – Plagegeister und Gifttiere.**
> Reise Know-How Verlag Peter Rump, Bielefeld.
> Der Genuss des Tropenurlaubs ist oft belastet von unangenehmen Gedanken an die vielen Insekten und Kriechtiere, die das Reiseziel bevölkern. Der Autor Reto Kuster bringt dem Leser die unbekannte Kleintierwelt mit schlechtem Ruf näher und schafft Klarheit über vermeintliche und tatsächliche Gefahren. Das Buch geht auf regionale Besonderheiten ein, gibt Tipps zum Schutz vor Bissen oder Stichen und zeigt, wie man sich im Notfall richtig verhält.

△ *Nicht gerade anheimelnd, aber wie alle Tiere auf den Seychellen ungefährlich: eine tropische Spinne*

▷ *Der Bülbül ist einer der markantesten Vögel der Seychellen*

Hierzu gehört auch der **Schwarze Papagei**. Diese Papageienart mit ihrem glänzend schwarzen Federkleid lebt im Vallée de Mai ❹, Heimat der Coco de Mer (s. S. 102) auf der Insel Praslin. Auf der Insel Frégate ist der seltene Seychellendajal zu Hause, ein kleiner Vogel mit schwarz-weißen Federn, der auch gerne in den Hecken der Gärten lebt.

Der Madagaskar-Fody ist aufgrund seiner auffällig roten Färbung und Zutraulichkeit einer der Favoriten bei vielen Touristen. Es kommt nicht selten vor, dass der Webervogel urplötzlich am Frühstückstisch auftaucht und sich die leckersten Brotkrumen stibitzt.

Den **Seychellen-Rohrsänger** kann man auf den Inseln Cousin ❺, Aride ❺ und Denis Island finden. Die Vögel mit grün-gelb-weißen Federn haben einen stahlblauen Schnabel und singen wunderschön. Ihre Nahrung besteht aus Insekten, die entweder im Flug oder wie die Larven von Baumzweigen, Büschen oder auf dem Boden erbeutet werden. Mitte der 1960er-Jahre stand die Vogelart mit gerade noch 30 geschätzten Paaren kurz vor der Ausrottung. Aufgrund der immer größere Ausmaße annehmenden Kokosplantagen wurde dichtes Buschland, der natürliche Lebensraum des Rohrsängers, immer weiter zurückgedrängt. In einer vielbeachteten Rettungsaktion wurde die Insel Cousin ❺ 1968 vom Internationalen Rat für Vogelschutz (ICBP) gekauft und zum streng geschützten Naturreservat erklärt. Die Kokosplantagen wurden entfernt und das Wachstum endemischer Bäume und Sträucher gefördert. Dank dieser Maßnahmen stieg der Bestand des Seychellen-Rohrsängers auf heute etwa 3500 Exemplare.

Der **Witwenvogel** ist auf La Digue zu Hause und auch der Fregattvogel mit einer Flügelspannweite von bis zu zwei Metern hat seinen natürlichen Lebensraum auf den Inseln der Seychellen. Der Weißschwanz-Tropikvogel gehört ebenso dazu wie auch eine große Zahl von Seeschwalben, die auf den Inseln brüten und ihre Jungen großziehen. Die Seeschwalbe ist so etwas wie der Wappenvogel der Seychellen. Die staatliche Fluggesellschaft hat den Vogel sogar als Logo auf ihren Maschinen.

Ein besonders schönes Bild geben die fast immer als Pärchen auftretenden **Feenseeschwalben**. Mit ihrem schneeweißen Gefieder, den schwarzen Augen und blauem Schnabel gehören sie zu den attraktivsten Vertretern der einheimischen Vogelwelt. Neben seltenen Vogelarten kann man auf den Seychellen natürlich auch Spatzen, Eulen, Käuzchen und viele Möwen antreffen.

Flora

Pflanzenwelt

Die allermeisten Besucher sind von der grandiosen Flora der Seychellen begeistert. Die tropische Pflanzenwelt mit ihrer überwältigenden Dichte und Farbenpracht nimmt die gesamte Inselwelt ein. Entsprechend integrieren sie die Hoteliers in ihre Gartenanlagen.

Die heutige Flora hat jedoch nur noch sehr wenig mit der ursprünglichen Pflanzenwelt vor der Ankunft der Kolonisatoren zu tun. Die Ur- und **Mangrovenwälder** wurden durch Kokosplantagen und andere nutzbringende Pflanzen wie Cashew- und vor allem Zimtbäume verdrängt.

Seit Urzeiten gehört dabei die Palme, wie in allen tropischen Ländern, zu den nützlichsten Bäumen überhaupt. Da fast jeder Bereich der **Kokospalme** wirtschaftlich nutzbar ist, bildet sie bis heute einen bedeutenden wirtschaftlichen Faktor für das Leben der Einheimischen. Da sie zudem kaum der Pflege bedürfen, sind sie eine geradezu ideale Nutzpflanze. So wird ihr Öl zum Kochen und für Kosmetika verwendet, die Blätter zur Häuserabdeckung, der Stamm zur Möbelverarbeitung und die Kokosnussschale als Brennmaterial. Das Kobrafleisch selbst wird zu Milch verarbeitet und ist eine der wichtigsten Bestandteile der einheimischen Küche.

Unter den Seychellen-Palmen ist die endemische **Coco de Mer** (s. S. 102) nicht nur die bekannteste Vertreterin der einheimischen Flora, sondern eine der seltensten weltweit. Darüber hinaus gibt es jedoch noch eine Reihe weiterer Palmenarten, welche unter dem Namen **Latanier-Palme** zusammengefasst werden. Besonders auffällig ist die etwa 15 m hohe Latanier Mille-Pattes, was soviel wie Tausendfüßler-Latanier bedeutet. Ihr ungewöhnlicher Name rührt daher, dass sich der Hauptstamm in viele kleine Wurzeln aufspaltet, welche wie kleine Stämme aus dem Boden wachsen.

Neben den Palmen gibt es auf den Seychellen noch eine ganze Reihe weiterer, beeindruckender Bäume. Hierzu zählt der bis zu 40 m hohe **Eisenholzbaum**, so genannt wegen seines besonders harten Holzes. Einer der sich in den letzten Jahrzehnten besonders großflächig ausbreitenden Bäume ist der **Albizia**. Der majestätische Baum mit seiner weit ausragenden Krone wächst innerhalb weniger Jahre bis zu 30 Meter in die Höhe. Einer der am weitesten verbreiteten Bäume der Seychellen ist der **Taka-**

⌂ Blütenpracht allerorten

maka. Nach dem bis zu 20 Meter hohen Baum wurden Hotels, Strände und der beliebteste Rum der Insel benannt. Weitere auffällige Baumarten sind der **Flamboyant** mit seinen wunderschönen feuerroten Blüten in der Krone, der aus vielen asiatischen Ländern bekannte **Banyan-Baum**, ein Würgefeigengewächs mit von den Ästen in den Boden wachsenden Luftwurzeln, und der erst relativ spät eingeführte **Mahagoni-Baum**.

Blumen

Die bezaubernde Vielfalt an Formen und die immense Fülle an satten Farben der Blumen auf den Seychellen bietet ideale Motive für unzählige Fotos. In Hotelanlagen und öffentlichen Gebäuden besonders häufig zu sehen sind die leuchtenden Farben der **Bougainvillea** und des **Hibiskusstrauches**. Während sie in Europa vornehmlich in sattem Dunkelrot daherkommen, strahlen die beiden auf den Inseln der Seychellen in einer breiten Farbskala von gelb bis violett.

Ebenso farbenfreudig und dazu äußerst wohlriechend ist die herrliche **Frangipani**. Die Blüten des ursprünglich von den Westindischen Inseln stammenden Baumes, der zwischen 4 bis 12 Meter hoch ist, weisen alle Farbschattierungen von weiß bis dunkelrot auf.

Zu den beeindruckenden Blühpflanzen an den Wegesrändern gehört auf den Seychellen ohne Zweifel der **Spiralingwer**, der eine Höhe von bis zu drei Meter erreichen kann. Die weißen Blüten wachsen aus leuchtend roten Kerzen, was einen schönen Kontrast zu den großen, dunkelgrünen Blättern bildet.

Wer sich auf Wanderschaft in die Berghänge von Mahé begibt, wird Zeuge einer der besonders beeindruckenden Pflanzen der Seychellen, der **Kannenpflanzen**. Auf den Seychellen unter dem englischen Namen *Pitcher Plant* bekannt, ist sie auf der Inselgruppe die einzige Vertreterin dieser hoch spezialisierten Familie der fleischfressenden Pflanzen. Sie rankt an Felsen oder Bäumen empor und bildet am Boden regelrechte Dickichte. Die wie tiefe Becher geformten Blätter sind mit einer Verdauungsflüssigkeit gefüllt, die dazu dient, gefangene Beute zu zersetzen, damit die Pflanze die daraus gewonnenen Nährstoffe aufnehmen kann. Der obere Rand der Kannen ist glatt und glänzend. Läuft ein Insekt dort entlang, verliert es sehr leicht den Halt und stürzt ins Innere der Kanne. Dort ertrinkt es in der Verdauungsflüssigkeit. Damit diese spezielle Flüssigkeit nicht vom Regen verdünnt wird, hat die Pflanzenart kleine Deckelchen ausgebildet. Die Deckel schließen sich nicht, wenn ein Insekt gefangen worden ist. Sie dienen ausschließlich als Schutz vor von oben hineinfallenden Regentropfen.

Unterwasserwelt

Die den Inseln vorgelagerten Gewässer sind ein Eldorado für Taucher. Der unglaubliche **Fischreichtum** in und um die Granitblöcke, Korallen und Schiffswracks in diesem Teil des Indischen Ozeans, der noch nicht durch den Massentourismus geschädigt wurde, ist atemberaubend. Schnapper, Makrelen, Barrakudas, diverse Arten von Haien und Rochen, Lobster, Schildkröten, Fledermausfische, riesige Makrelenschwärme, Zackenbarsche sind nur eine kleine Auswahl aus dem maritimen Artenreichtum.

Dem Architekten, Bildhauer und Erbauer der einzigartigen Seychellen-

Königin der Palmen – die Coco de Mer

Eine echte Sehenswürdigkeit, einzigartig auf der Erde, Gegenstand zahlreicher Gemälde, Schmuckstücke, Fotos, Hoteleinrichtungen, von Mythen umrankt und über Jahrhunderte Objekt der Begierde von Staatsoberhäuptern, Potenzsymbol, Sinnbild der einzigartigen Natur der Seychellen - all das und doch nur eine Palmenart. Die Coco de Mer, auch Seychellenpalme genannt, ist ein echter Star. Dies ist umso erstaunlicher, wenn man bedenkt, dass es sich bei ihr um ein Missverständnis handelt. Als die Nüsse an verschiedenen Inseln der Seychellen am Strand gefunden wurden, konnte man sie keiner der dort wachsenden Palmen zuordnen. Und so nahmen die Bewohner der Inseln an, dass die Nüsse im Meer wachsen müssten. Auf diese Art kam die Coco de Mer zu ihrem Namen.

Auf allen Inseln in den Tropen gibt es Palmen, die Coco de Mer aber nur auf Praslin und der kleinen Nachbarinsel Curieuse. Neben der Fischerei und dem Tourismus ist sie eine der Haupteinnahmequellen des Inselstaats im Indischen Ozean.

Um die Früchte der Coco de Mer ranken sich allerlei Geschichten und Legenden. Die großen Kokosnüsse, die in ihrer Form an Hoden erinnern, gelten bis heute auf den Seychellen als Symbol der Fruchtbarkeit. Wenn die Nächte so stürmisch sind, dass kein Mensch in den Wald geht, dann paaren sich die Nüsse - so will es zumindest eine alte Legende. Wer den Nüssen bei ihrem Liebesspiel zusieht, der muss sterben - auch das besagt der Volksglaube. Was bei der Befruchtung genau passiert, ob vielleicht sogar Insekten daran beteiligt sind, das versuchen Forscher seit vielen Jahren zu herauszufinden.

Fest steht, dass an den Stämmen der Palmen herzförmige Nüsse hängen, dicht wie die Trauben an einem Rebstock, die die Größe von Kürbissen haben. Es vergehen 20 Jahre, bis die Nüsse „ausgewachsen" sind und zum ersten Mal blühen. Die Nüsse sind dann bis zu 15 kg schwer und stellen damit die größten Samen und auch die größten Kokosnüsse der Welt dar. Dabei ist es nicht nur die lange Zeit der Reife, die es so schwierig macht, die Coco de Mer zu züchten. Es dauert auch mehrere Monate, bis die Samen in der Erde zu keimen beginnen. Nur einmal im Jahr bekommen die mächtigen Palmen ein neues Blatt. Da eine Frucht bis zu drei Samen enthalten kann, beträgt ihr Gewicht bis zu 45 kg. Eine Palme bildet meist nur eine Frucht pro Jahr. Die Reifung der Frucht dauert bis zu sieben Jahre. Die Seychellenpalme ist auf den Seychellen endemisch und bis heute auf die Hänge und Täler von Praslin und Curieuse beschränkt.

Sie wächst auf fast allen Böden, am besten jedoch in Wäldern über tiefen, gut wasserzügigen Talböden - so ist es kein Wunder, dass das Vallée de Mai 47 auf der Insel, das genau jene Voraussetzungen bietet, mit über 5000 Exemplaren das mit Abstand bedeutendste Siedlungsgebiet der Coco de Mer ist. Ihre Gesamtpopulation wird auf gut 8000 Exemplare geschätzt.

Die Blätter werden zum Dachdecken und für Flechtarbeiten verwendet. Das Holz nutzt man für Palisaden und Wassertröge, aus den Samen wird Essgeschirr hergestellt und mit dem Flaum von jungen Blättern füllt man Polster.

Strände kann man mit etwas Glück auch bei der Arbeit zuschauen. Die Rede ist vom **Papageienfisch**. Er wurde nach dem bunten Vogel benannt, weil er im Laufe seines Lebens mehrfach seine Farbe wechselt, dabei jedoch immer herrlich bunte Farbschattierungen aufweist. Zudem ähnelt die Form seines Kopfes und speziell das schnabelartige Maul dem eines Papageien.

Als eine Art Gärtner halten die Papageienfische die Untersee-Vegetation davon ab, die Korallen zu überwuchern. Sie bewohnen in großen Gruppen ausschließlich tropische Meere. Die meisten Arten leben an Korallenriffen. Einige bewohnen Seegraswiesen und die oberen Zonen an Felsriffen. Mit ihren schnabelartigen Zähnen weiden sie die niedrige Pflanzendecke an den freien Kalkoberflächen der Korallenriffe ab. Dabei wird auch das Sediment entfernt. Andere Arten lassen das Sediment stehen und ernähren sich nur von Pflanzen wie den Fadenalgen. Durch diese Ernährungsweise tragen Papageienfische erheblich zur natürlichen Erosion der Korallenriffe bei.

Von den Anfängen bis zur Gegenwart

Als sich die ersten europäischen Siedler Mitte des 18. Jh. auf den Seychellen niederließen, waren die Inseln unbewohnt. Das heißt jedoch nicht, dass sie zuvor niemals von Menschen anderer Kulturen betreten wurden. So ist aus Grabfunden von der 17 km nordwestlich von Mahé gelegenen Insel Silhouette erwiesen, dass arabische Seeleute auf den Inseln lebten.

Schließlich war es die Gier der europäischen Herrscherhäuser nach Gewürzen, welche die Franzosen von Mauritius kommend auf die Seychellen führte. In ihrem Schlepptau, quasi als mittelalterliche Gastarbeiter, brachten sie Sklaven aus Afrika und Indien, welche in ausbeuterischer Fronarbeit die angelegten Felder bestellen mussten. Diese Mischung aus europäischen, afrikanischen und asiatischen Einflüssen zieht sich wie ein roter Faden durch die gesamte weitere Entwicklung der Geschichte der Seychellen.

Winzling unter den 115 Insel der Seychellen: St. Pierre vor Praslin

Mehr als Postkartenidylle – das vorbildliche Sozialsystem der Seychellen

Die Seychellen gelten weltweit als der Realität gewordene Traum eines tropischen Inselparadieses. Was die allerwenigsten wissen: Nicht nur in Afrika hat sich das winzige Land zum Vorreiter für ein vorbildhaftes Sozialsystem gemausert und gilt als Modell für den Rest des Kontinents.

So verfügen die Seychellen über das höchste Pro-Kopf-Einkommen und das zweitgrößte Bruttoinlandsprodukt Afrikas. Nur 2 Prozent der Bevölkerung gelten als arm, jede Familie ist sozial abgesichert und die 2-Kinder-Familie ist die Norm.

Im Jahr 1987 wurden weitreichende sozialstaatliche Maßnahmen durchgeführt. Kernpunkte waren die Einführung eines Sozialversicherungs- und eines Wohnungsbauprogramms. Kranken- und Mutterschaftsgeld, Leistungen bei Arbeitsunfällen, Kindergeld, Arbeitslosengeld, Behindertenrente, Erwerbsunfähigkeits- und Altersrente werden aus einem Sozialversicherungsfonds finanziert. Für die „Seychellen-Rente" zahlen Staat, Arbeitgeber, Arbeiter, Angestellte, Selbständige und Hausfrauen Pflicht- und freiwillige Beiträge in den Sozialversicherungsfonds.

Hinzu kommt, dass die allgemeine Schulbildung kostenlos ist und die weiterführende Ausbildung an Fachhochschulen und Universitäten von der Regierung subventioniert wird.

Von großer Bedeutung ist auch der zahlenmäßig nicht messbare, für das Zusammenleben jedoch nicht hoch genug zu bewertende soziale Frieden. Trotz seiner multiethnischen Bevölkerung gibt es keinerlei ethnische Spannungen, die Seychellen sind ein Vorbild an Toleranz.

Wer sich selbst ein Bild von der vorbildlichen Wohnungspolitik der Seychellen machen möchte, braucht nur wenige Kilometer außerhalb von Victoria zu der Anfang des Jahrtausends künstlich geschaffenen Insel Perseverance zu fahren. Über 1000 hübsche Einfamilienhäuser stehen dort in Reih und Glied, verbunden über moderne Straßen und umgeben von schmucken Grünanlagen. Bis zum Jahr 2020 werden hier gut 2000 Häuser errichtet, in denen 10.000 Bewohner wohnen werden. Das ganze Projekt kostet rund 50 Millionen Euro, ein Haus zwischen 65.000 und 90.000 Euro.

Die Regierung stellt den Bauherren Land zu einem symbolischen Preis von nur einer Seychellen-Rupie zur Verfügung. Die staatliche Seychellen Housing Finance Company vergibt an Einheimische mit geringem Einkommen Darlehen zu einem niedrigen Zinssatz.

Die Nachfrage nach Einfamilienhäusern ist auch deshalb so hoch, weil die niedrige Arbeitslosigkeit und eine hohe Erwerbsbeteiligung eine finanzielle Sicherheit schaffen, die Zukunftsinvestitionen relativ risikofrei erscheinen lassen.

Der den Alltag prägende soziale Frieden, die ethnische Toleranz, eine nachhaltige Umweltpolitik und das einzigartige Sozialsystem machen dieses kleine und abgeschiedene Land zu einem bewundernswerten und für viele Länder Afrikas nachahmenswerten Vorbild.

1505: Ab diesem Jahr tauchen die Inseln erstmals unter verschiedenen Namen auf den Karten portugiesischer Seefahrer auf. Wahrscheinlich nutzten sie sie als Zwischenstopp auf dem Weg nach Süd- und Südostasien.

1609: Das Schiff „Ascension" der englischen East India Company ankert auf einer der Zentralinseln der Seychellen und versorgt sich mit Trinkwasser und Meeresschildkröten als Proviant. Während der nächsten zwei Wochen werden diverse Karten der Inselwelt angelegt, bevor die Besatzung weiter Richtung Indien segelt.

1742: Der Gouverneur der französischen Kolonie Mauritius, Bertrand François Mahé de La Bourdonnais (1699–1753), schickte ein Schiff zur Erforschung auf die Hauptinsel Mahé. Besatzungsmitglieder hinterließen zwar die ersten genaueren Beschreibungen vom Landschaftsbild der Region, dauerhafte Siedlungen wurden jedoch auch dieses Mal nicht errichtet. Nach einer Woche trat man die Rückreise nach Mauritius an.

November 1756: Offizielle Besitznahme der Seychellen durch die Franzosen. Während die Hauptinsel nach dem Gouverneur Mahé benannt wird, erhält die gesamte Inselgruppe in klassischer Kolonialmanier den Namen des damaligen französischen Finanzministers Jean Moreau de Seychelles.

1770: Die ersten 26 französischen Siedler lassen sich auf der St. Anne Island 34 vor der Küste Mahés nieder. Wegen ihrer positiven Berichte wird bereits ein Jahr später eine weitere französische Expedition von Mauritius auf die Seychellen entsandt. Dieses Mal sind es mehrheitlich Sklaven, die die Hauptinsel Mahé besiedeln.

1778: Unter der Führung des Kolonialbeamten Leutnant de Romainville wird im Oktober das Fort Victoria gegründet, die Hauptstadt der Seychellen.

16.5.1794: Ende des 18. Jh. machte die französische Regierung die Seychellen zum Fluchthafen für die von ihnen unterstützten Piraten. Nachdem diese viele Schiffe der mit den Franzosen konkurrierenden englischen Flotte gekapert hatten, überfielen die Engländer die Hauptstadt Victoria. Schon am nächsten Tag unterschrieb der französische Gouverneur Jean Baptiste Queau de Quincy die Kapitulationsurkunde. Trotz der militärischen Niederlage bleibt die Verwaltung unter Quincy im Amt.

21.4.1811: Die Seychellen gehen auch de facto in den Besitz der Engländer über. Von nun an werden sie die nächsten Jahrzehnte von der Insel Mauritius aus regiert, die schon zuvor unter britische Vorherrschaft gebracht worden war. Der neu eingesetzte britische Gouverneur lässt nur ein Jahr später alle Skla-

Büste von Pierre Poivre, einem der wegweisenden französischen Kolonialherren

ven (etwa 75 % von ihnen stammen aus Afrika) befreien. Da sie ca. 90 % der etwa 7500 Bewohner der Seychellen stellen, hat dies große Auswirkungen auf das soziale und wirtschaftliche Leben. Ein Großteil der Plantagen verfällt in den nächsten Jahrzehnten. Als Reaktion hierauf werden vornehmlich madagassische und indische Vertragsarbeiter ins Land geholt.

1853: Die erste katholische Kirche wird errichtet.

12.10.1862: Bei einem gewaltigen Erdrutsch werden große Teile Victorias verwüstet, etwa 100 Menschen sterben unter den Schlammmassen.

1964: Mit der Seychelles Democratic Party (SDP) und der Seychelles Peoples United Party (SPUP) werden die ersten einheimischen Parteien gegründet. Während die SDP für eine Integrierung der Seychellen in das britische Königreich eintritt, schreibt die SPUP die politische Unabhängigkeit von England auf ihre Fahnen.

1970: Aus den ersten freien Wahlen geht die SDP als Sieger hervor. SDP-Führer James Mancham wird daraufhin zum ersten Präsidenten ernannt.

1971: Mit der Eröffnung des internationalen Flughafens von Mahé wird die Voraussetzung zur Integrierung der Seychellen in den internationalen Tourismus geschaffen.

29.6.1976: Offizielle Unabhängigkeitserklärung der Seychellen.

5.7.1977: Während eines Auslandsaufenthaltes in London wird Präsident Mancham durch einen Putsch entmachtet. Die neue Regierung unter dem bisherigen Premierminister France-Albert René setzt im Laufe der nächsten Jahre eine Einparteienherrschaft durch und führt eine sozialistische Planwirtschaft ein.

1993: Am Ende eines mehrjährigen Demokratisierungsprozesses, an dem auch der wieder ins Land zurückgekehrte frühere Präsident Mancham beteiligt ist, finden allgemeine, freie Wahlen statt, aus denen überraschenderweise der bisherige Präsident René als Sieger hervorgeht. Bei aller demokratischen Öffnung verfolgt die Regierung weiterhin dennoch eine gemäßigt sozialistische Planwirtschaft.

2004: Nachdem René auch die folgenden Parlamentswahlen 1998 und 2002 gewinnt, tritt er im Jahre 2004 zugunsten seines Vizepräsidenten James Alix Michel zurück. In den folgenden Jahren erfolgen weitreichende Reformen hin zu einer kapitalistischen Wirtschaftsordnung.

2010: Die Gewässer der Seychellen treten als Operationsgebiet der internationalen Piraterie ins Rampenlicht. Nachdem viele Containerschiffe und Frachter vornehmlich von somalischen Seeräubern gekapert wurden, entschließt sich die NATO, die Hauptinsel Mahé als Stützpunkt zur Bekämpfung der internationalen Piraterie einzurichten.

2016: Danny Fauvre übernimmt den Posten des Premierministers, nachdem sein langjähriger Vorgänger James Alix Michel im Oktober zurücktritt.

Im Rahmen der von WikiLeaks veröffentlichten Dokumente tauchen die Seychellen als eines der bedeutendsten Länder für versteckte Geldtransaktionen weltweit auf.

PRAKTISCHE REISETIPPS

An- und Rückreise

Der einzige Weg auf die Seychellen ist der per Flugzeug. Mahé verfügt seit 1971 über einen internationalen Flughafen, **den Aéroport International de Seychelles.** Das Datum markiert den Beginn des internationalen Tourismus auf der Inselgruppe. Dauerte es zuvor für die wenigen ausländischen Besucher fast bis zu einer Woche, um von der Ostküste Afrikas auf die Seychellen zu gelangen, fliegen heute jährlich gut 350.000 Touristen aus allen Teilen der Welt ins Tropenparadies. Pläne der Regierung, den Flughafen mit der Hauptstadt Victoria 11 km im Norden mit einer S-Bahn zu verbinden, sind auf Eis gelegt. Der **East Coast Highway** erhält vorerst keine Entlastung. Seit einigen Jahren verfügt auch die Nachbarinsel **Praslin** über einen Flughafen.

Mehrmals täglich fliegt Air Seychelles mit kleinen Propellermaschinen zwischen Mahé und Praslin hin und her, die Flugdauer beträgt knapp 15 Minuten. Direktflüge von Deutschland bietet ausschließlich Condor. Darüber hinaus fliegt **Air Seychelles** ohne Umsteigen, dafür mit Zwischenlandung in Mailand, von Frankfurt aus. Der Aufpreis für einen Direktflug lohnt sich, da man so viele Flugstunden und den zeit- sowie nervenaufreibenden Flugzeugwechsel spart. Der Nachteil: Sowohl Condor als auch Air Seychelles fliegen nur einmal pro Woche. Entsprechend sollte man speziell zur Hauptsaison zwischen Oktober und Februar frühzeitig buchen.

Ansonsten fliegen weitere Fluggesellschaften indirekt nach Mahé (Zwischenstopp jeweils in Klammern). Hierzu zählen unter anderem Air France (Paris), British Airways (London), Emirates (Dubai), Kenya Airways (Mombasa) und Qatar Airways (Doha). Air Seychelles hat einen weiteren Flug mit Umstieg in Paris.

Am Flughafen warten die teuren **Taxis** (s. S. 129) auf den Weitertransport zu den verschiedenen Guest Houses und Hotels. Wesentlich günstiger sind natürlich die **öffentlichen Busse,** welche an der vor dem Flughafen vorbeiführenden Straße halten. Für Besucher, die in einem Hotel wohnen, das an der die Insel um-

◩ *Im Landeanflug*

◩ *Vorseite: An alternativen Fortbewegungsmitteln herrscht auf den Seychellen kein Mangel*

laufenden Uferstrasse liegt, könnte dies in der Tat eine Alternative sein. Allerdings sollte man bedenken, dass man von der nächstgelegenen Bushaltestelle häufig noch ein paar Kilometer mit Gepäck zur Unterkunft gehen muss. Schnell und problemlos geht es allerdings mit den öffentlichen Bussen zur Hauptstadt Victoria. Zuweilen scheint es jedoch Probleme bei der Mitnahme von größeren Gepäckstücken zu geben.

Wer auf die Nachbarinsel Praslin weiterreisen möchte, nimmt einen Flug von Air Seychelles oder eine der Fähren, die vom nur wenige Kilometer entfernten Hafen abfahren. Ähnlich wie auf Mahé kann auch der Flughafen auf Praslin per Taxi und Bus angefahren werden. La Digue verfügt über keinen Flughafen.

Ausrüstung und Kleidung

Wenn es darum geht, den Koffer zu packen, lautet die Devise: So wenig wie möglich, so viel wie nötig: Speziell aufgrund des ganzjährig warmen Klimas sollte man **möglichst leicht und luftig** gekleidet sein. Leichte Baumwollbekleidung wie T-Shirts, Hemden, kurze Hosen und Röcke sind tropentauglich, enganliegende Kleidung hingegen nicht. Für festliche Anlässe, Einladungen bei Einheimischen, Amtsbesuche oder Abendessen in einem stimmungsvollen Restaurant lohnt sich für die Frau ein Sommerkleid und für den Mann ein Hemd mit langer Hose. Leichte **Schuhe** sind tropentauglicher als schweres Lederschuhwerk. Da es jedoch immer mal wieder regnen kann und dementsprechend rutschig wird, sollte man Schuhe mit trittfester Sohle einpacken. Besonders geeignet sind hierbei robuste, offene Sandalen mit Klettverschluss. Am besten sind Neoprenschuhe. Sie bieten beim Wandern sowohl griffigen Halt und schützen die Füße beim Baden vor den häufig nur knapp unter der Wasseroberfläche gelegenen Korallenriffen.

Ein weiteres Muss im Reisegepäck ist eine **Sonnencreme** mit extrem hohem Lichtschutzfaktor. Die Sonneneinstrahlung am Äquator ist äußerst hoch, daher darf ein Sonnenhut nicht im Reisegepäck fehlen.

Ein weiteres wichtiges Utensil ist eine **Taschenlampe**, denn nach Sonnenuntergang ist es stockdunkel. Die Straßenbeleuchtung ist, wenn überhaupt, nur an wenigen Orten vorhanden und die Wege in den weitläufigen Urlaubsresorts sind nur spärlich ausgeleuchtet. Auch Stromausfälle kommen immer mal wieder vor.

Ein **Tagesrucksack** hilft nicht nur beim Wandern, sondern auch auf jeglicher Art von Ausflügen vom Hotel, um die eigenen Sachen zu verstauen.

Hygieneartikel gibt es zwar auch auf den Seychellen, doch sie sind teurer und die Auswahl ist deutlich kleiner als in Europa. Es ist zu empfehlen, sich schon zu Hause entsprechend zu versorgen.

Genauso können die meisten **Medikamente** zwar auch auf den Seychellen gekauft werden, doch auch hier gilt, dass sie in der Regel recht teuer sind und es zudem eines recht großen Aufwandes bedarf, um zu einer Apotheke zu gelangen. Hinzu kommt, dass einige Medikamente unter anderem Namen gehandelt werden. Man sollte deshalb am besten eine leere Packung des zu Hause verwendeten Medikaments mitnehmen, sodass die Identifizierung leichter fällt.

Barrierefreies Reisen

Menschen mit Behinderung haben es auf den Seychellen nicht immer leicht. Rollstuhlfahrer gibt es hier kaum, entsprechend sind die Bewohner wenig sensibilisiert für deren Bedürfnisse.

Zwar verfügen der Flughafen auf Mahé und einige der teureren Hotels über Rollstuhlrampen, dies gilt jedoch meist nur für den Rezeptions- und Restaurantbereich. Da viele der gehobenen Hotels auf hügeligem und zudem weitläufigem Terrain gebaut sind, gestaltet sich die Fortbewegung für Menschen mit Behinderung als schwierig, wenn nicht als gänzlich unmöglich. Die günstigeren Hotels und speziell jene auf der Insel La Digue sind meist gar nicht auf die Bedürfnisse von Rollstuhlfahrern eingestellt. Fahrstühle zum Beispiel gibt es nur ganz wenige auf den Seychellen. Auch Einsteighilfen bei Swimmingpools findet man nur gelegentlich.

In den Stadt- und Touristenzentren von Mahé und Praslin sind die Straßen geteert. La Digue hingegen ist bis auf eine den Westen erschließende Straße fast nur über Schotter- und Waldwege zu erkunden und für Behinderte nicht zu empfehlen.

Diplomatische Vertretungen

Mit knapp 100.000 Menschen gehören die Seychellen zu den kleinsten Staaten der Erde. So findet man hier auch keine Botschaften, sondern nur sogenannte **Honorarkonsulate**, die die Interessen der jeweiligen Länder wahrnehmen. Urlauber aus Deutschland, Österreich und der Schweiz wenden sich in dringenden Notfällen wie Überfall, Tod eines Angehörigen oder Naturkatastrophen an selbige Adressen. Nur falls diese geschlossen sein sollten, wendet man sich an die jeweilige Botschaft in Kenia, dem nächstgelegenen afrikanischen Land.

Deutschland

› **Honorarkonsulat der Bundesrepublik Deutschland**, Kerstin Henri (Center for Environment and Education Natures Seychelles – Roch Caiman), P.O. Box 1310, Victoria, Mahé, Tel. +248 601100 oder 601101, Fax +248 601102, victoria@hk-diplo.de

› **Botschaft der Bundesrepublik Deutschland in Kenia**, Ludwig Krapf House, Riverside Drive 113, P.O. Box 30180, 00100 Nairobi – Kenia, Tel. +254 204262100, Fax +254 204262129, info@nairobi.diplo.de, www.nairobi.diplo.de

Österreich

Das österreichische Honorarkonsulat war zur Zeit der Drucklegung geschlossen. Übergangsweise nimmt dessen Aufgaben die österreichische Botschaft in Kenia war.

› **Österreichische Botschaft in Kenia**, Limuru Road 536, Muthaiga (gegenüber Muthaiga Mini Market), Nairobi, Tel. + 254 204060022 –24, www.aussenministerium.at/nairobi

Schweiz

› **Honorarkonsulat der Schweiz auf den Seychellen**, MG Building, Providence Industrial Estate, Victoria, Mahé Island, Seychelles, Tel. +248 4374278, Fax +248 4374304, victoria@honrep.ch, www.eda.admin.ch/antananarivo

› **Botschaft der Schweiz in Madagaskar**, Immeuble „ARO" - 2ème étage, Làlana Solombavambahoaka Frantsay 77,

Antsahavola, 101 Antananarivo, Madagaskar, Tel. +261 202262997/98, antananarivo@eda.admin.ch, www.eda.admin.ch/antananarivo

Ein- und Ausreisebestimmungen

Ungeachtet der Staatsangehörigkeit der Besucher und ihrer Familienmitglieder wird **kein Visum** für die Einreise auf die Seychellen benötigt. Um eine Einreisegenehmigung zu erhalten, müssen jedoch die folgenden Dokumente am internationalen Flughafen der Seychellen vorgezeigt werden:

› ein Reisepass, der mindestens bis zum Tag der geplanten Abreise gültig ist
› ein Ticket für die Rück- oder Weiterreise
› der Nachweis einer Unterkunft einschließlich der Kontaktdaten
› ausreichende finanzielle Mittel für die Dauer des Aufenthalts (wird nur in den seltensten Fällen geprüft)

Bei Vorlage aller oben genannten Dokumente stellt die Einwanderungsbehörde der Seychellen eine Besuchsgenehmigung aus.

Die **Besuchsgenehmigung** ist grundsätzlich für einen Monat gültig und kann auf bis zu drei Monate – gerechnet vom ursprünglichen Ausstellungsdatum – verlängert werden. Sofern der Besucher die entsprechenden Voraussetzungen erfüllt, kann der Aufenthalt in Schritten von maximal drei Monaten auf eine Gesamtdauer von höchstens zwölf Monaten verlängert werden. Die Aufenthaltserlaubnis ist für die ersten drei Monate kostenlos, danach beträgt die Gebühr für jede Verlängerung von bis zu drei Monaten 5000 SR. Besucher der Seychellen brauchen keine Impfpässe mitzubringen, es sei denn, sie reisen aus einem afrikanischen Land ein, in dem das Gelbfieber verbreitet ist.

Einverständniserklärung für Minderjährige

Reisen Kinder nur mit einem Elternteil, kann sowohl bei der Ausreise als auch bei der Einreise eine Einverständniserklärung des anderen Elternteils erforderlich sein. Detailinfos erhält man beim Auswärtigen Amt und beim zuständigen Konsulat.

Einfuhrbeschränkungen

Personen über 18 Jahre dürfen bis zu 400 Zigaretten, 2 Liter alkoholische Getränke sowie Artikel bis zu einem Wert von 3000 SR einführen. Die Einfuhr von Waffen (auch Harpunen!) und Munition ist genauso verboten wie die von Samen, Pflanzen, Fleisch, Obst, Gemüse und Tee.

Rückreise nach Europa

Bei der Ausreise ist zu beachten, dass der Abschnitt des **Ein-/Ausreiseformulars** mit dem Pass vorgelegt werden muss, ebenso der Nachweis über die bereits bezahlte Flughafengebühr.

Nicht ausgeführt werden dürfen Schildkrötenpanzer, Korallen usw. Für die Ausfuhr von Coco de Mer (s. S. 102) ist eine schriftliche Erlaubnis notwendig, die man beim autorisierten Verkäufer erhält.

Bei der Rückreise gibt es auch auf europäischer Seite Freigrenzen, Verbote und Einschränkungen. Einfuhrbeschränkungen bestehen u. a. für Tiere, Pflanzen, Arzneimittel, Lebensmittel und Raubkopien.

› **Deutschland:** www.zoll.de
› **Österreich:** www.bmf.gv.at
› **Schweiz:** www.ezv.admin.ch

Elektrizität

Auf allen Inseln der Seychellen gibt es 220–240 Volt Wechselstrom. Auf den Seychellen wird die **britische Steckdosen-Norm** mit drei rechteckigen Polen und 13 Ampere verwendet. Alle Besucher, die nicht aus Großbritannien anreisen, sollten daher einen Adapter mitnehmen.

Wer ein elektrisches Gerät wie z. B. einen Laptop benutzen möchte, sollte sicherheitshalber ein Verlängerungskabel mitbringen; in manchen Hotelzimmern sind die Steckdosen hinter einem Kühlschrank oder Schrank versteckt. Ein normales Kabel reicht da nicht weit genug.

Film und Foto

Die Seychellois sind freundliche, dabei jedoch gleichzeitig zurückhaltende Menschen. Entsprechend lassen sie sich grundsätzlich gern fotografieren, man sollte jedoch vor dem Abdrücken auf den Auslöser verbal oder per Körpersprache um die Einwilligung bitten.

Obwohl inzwischen vieles im Nachhinein zu Hause am Computer bearbeitet werden kann, empfiehlt es sich, einen Polarisationsfilter mitzunehmen. Die Farben der Fotos wirken damit um einiges intensiver, da störende Reflexionen und Spiegelungen, die durchs Sonnenlicht entstehen, abgeschwächt werden. Eine Sonnen- oder Gegenlichtblende hat den Vorteil, dass die Fotos bei starkem Sonnenlicht kontrastreicher wirken, da das Streulicht nicht direkt in die Linse fällt. Möchte man die faszinierende Unterwasserwelt fotografieren, kommt eventuell eine Unterwasserkamera in Frage.

Da es auf den Seychellen außer der Hauptstadt Victoria nur ganz wenige Fotogeschäfte gibt und man vor Ort doch letztlich angesichts der faszinierenden Motive mehr fotografiert als zunächst angenommen, lohnt es sich, eine zusätzliche Speicherkarte mitzunehmen.

Geldfragen

Die einheimische Währung ist die **Seychellen-Rupie (SR bzw. SCR)**, sie unterteilt sich in 100 Cents. Im Verkehr sind Münzen im Wert von 5, 10, 25 Cents sowie von 1 und 5 Rupien, Banknoten gibt es im Wert von 10, 25, 50, 100 und 500 Rupien. Leistungen wie Unterkünfte, Inlandsflüge, Fähren, Taxis und Restaurants können sowohl in Euro als auch in Rupien bezahlt werden. Der Umrechnungskurs wird täglich neu festgelegt, daher sollte man beide Preise miteinander vergleichen und sich dann für die günstigere Variante entscheiden. Da der **Euro** den US-Dollar als **Hauptdevisenwährung** abgelöst hat, braucht man keine Dollar von zu Hause mitzunehmen.

Lebensmittel und Dinge des täglichen Bedarfs, Bustickets etc. werden in Rupien bezahlt. Fähren und in gehobenen Restaurants kann man

Wechselkurse	
1 €	16 SR
1 SR	0,06 €
1 SFr	14 SR
1 SR	0,07 SFr
1 US-$	13 SR
1 SR	0,07 US-$

(Stand: Frühjahr 2018)

Geldfragen

EXTRATIPP

Die Insel preiswert

Die Seychellen sind teuer. Für fast alle touristischen Einrichtungen wie Hotels, Restaurants und Ausflüge muss man tief in die Tasche greifen. Dennoch gibt es eine Reihe von Aktivitäten, die nicht nur günstig sind, sondern auch noch viel Spaß bereiten. Dabei handelt es sich oftmals um Erlebnisse, die einen in Kontakt zur einheimischen Bevölkerung bringen und so lange in Erinnerung bleiben.

› Ein typisches Beispiel hierfür sind die sogenannten **Take-aways**. Für kaum mehr als 3 € bekommt man in diesen urigen Gaststätten ein köstliches, warmes Essen. Essen wie bei Muttern, nur dass die „Mutter" in diesem Falle eine Seychellois ist.

› Wie wäre es mit einem Inseltrip in einem der zwischen 6 und 19 Uhr die Inseln Mahé und Praslin entlangfahrenden **Busse**? Die Entfernungen sind gering, man bekommt wiederum einen Eindruck vom lokalen Leben, die Fahrt geht fast immer entlang pittoresker Panorama- und Küstenstraßen und zudem ist es mit maximal 20 SR sehr günstig.

› Sonntag ist Feiertag – und die Seychellois nehmen das wörtlich. Mit Sack- und Pack, in diesem Fall mit Grill, Musikbox und einem reichlich gefüllten Picknickkorb geht es mit der ganzen Familie an die schönsten Strände, um dort viele Stunden mit Musik, Tanz und viel Essen und Trinken zu verbringen. Es ist keine Seltenheit, dass vorbeikommende Touristen dazu eingeladen werden. Wer die erste Scheu überwindet, vielleicht noch eine Flasche Wein oder Rum mitbringt und sich dazu begibt, wird einen unvergesslichen und zudem sehr günstigen Nachmittag verbringen.

› Wer es lieber privat mag, kauft im Tante-Emma-Laden Brot, Käse und Wein, schnürt die Wanderstiefel und sucht sich entlang der landschaftlich wunderschönen Inselwege ein geeignetes Plätzchen, um Siesta zu machen – mindestens so schön wie ein Mittag- oder Abendessen in einem teuren Restaurant!

---

auch per Kreditkarte zahlen. Restaurants und Taxis zahlt man vorteilhafter in Rupien oder in Euro. Es gibt auf Mahé, Praslin und La Digue Banken und Wechselstuben. Mit Girocard- oder Kreditkarten kann man problemlos **Bargeld** ziehen. In den meisten Fällen bieten die Wechselstuben bessere Kurse an als die Banken. Bei größeren Beträgen lohnt es sich also, die Kurse zu vergleichen. Reiseschecks können in Banken und Wechselstuben gegen Rupien getauscht werden – meist zu einem etwas besseren Kurs als Bargeld.

In fast allen Hotels, Restaurants und Geschäften kann man mit **Kreditkarten** bezahlen. Mastercard (Eurocard), American Express und Visacard sind mit Abstand am meisten verbreitet. Dabei ist vorher abzuklären, ob ein Aufschlag auf den zu zahlenden Betrag erhoben wird. Für das bargeldlose Zahlen per Kreditkarte im Ausland werden ca. 1–2 % berechnet. Die Höhe der Kosten für die Barabhebung hängt sowohl von der Bank ab, die die Karte ausgestellt hat, als auch von der Bank, die das Bargeld auszahlt. Man sollte sich daher vor der Reise bei seiner Hausbank informieren, mit welcher Bank auf den Seychellen sie zusammenarbeitet. Im ungünstigsten, allerdings sehr seltenen Fall, wird pro Abhebung eine Gebühr von bis zu 1 % des Abhebungsbetrags per Maestro-(EC-)Karte oder gar 5,5 % des Abhebungsbetrags per Kreditkarte berechnet. Da bei Barabhebungen mit Bankkarten pro Abhebung eine Mindestgebühr eingezogen wird, ist es sinnvoll, möglichst große Summen abzuheben. Meist kann man im Gegenwert von 300 € pro Vorgang abheben, bei manchen Banken gibt es jedoch nur die Hälfte.

Einige deutsche Banken (v. a. die Postbank) statten ihre Geldkarten nicht mehr mit der Maestro-, sondern der Bezahlfunktion V-Pay aus, bei der nicht der kopierbare Magnetstreifen, sondern der Chip gelesen wird. Das hat zur Folge, dass an Bankautomaten außerhalb der EU mit der **V-Pay-Karte** kein Geld gezogen werden kann, da die Automaten die Chips nicht lesen können (www.vpay.de). Nähere Informationen dazu erhält man auch bei seiner Bank.

Die Lage der Seychellen weit entfernt von jeglicher Zivilisation führt dazu, dass fast alle Dinge des täglichen Lebens eingeführt werden müssen. Dementsprechend teuer sind sie. Beim Einkauf in den überall zu findenden Tante-Emma-Läden kann man sich vom **hohen Preisniveau** überzeugen, welches mindestens doppelt so hoch ist wie in Deutschland.

Hygiene

Entsprechend den selbst für europäische Verhältnisse hohen Preisen kann man in den Hotels auf den Seychellen auch einen europäischen Hygiene-Standard erwarten. Die Zimmer sind fast immer sauber und gepflegt, die Badezimmer mit europäischen Toiletten ausgestattet. Das **Leitungswasser** ist überall trinkbar, wenn auch mit einem deutlichen Chlorgeschmack. Kontakt mit Tieren, vor allem mit Straßenhunden und verwilderten Katzen, vermeidet man besser.

So traumhaft schön die Bilderbuchstrände der Seychellen auch sind – das Vergnügen kann durch das Auftreten von **Sandflöhen** erheblich reduziert werden. Grundsätzlich gibt es sie, doch bei weitem nicht so zahlreich wie in anderen Tropengebieten. Leider kann man nie voraussagen, zu welcher Jahreszeit und an welcher Stelle/welchem Strand sie im Zusammenhang mit dem die Strände heimsuchenden Seetang auftreten. Am besten man trocknet sich sofort nach dem Baden gründlich ab, da die Sandflöhe einen nur befallen, wenn die Haut mit Salzwasser und Schweiß bedeckt ist.

Informationsquellen

Das Touristenbüro der Seychellen in Frankfurt ist für die Länder Deutschland, Österreich und die Schweiz gemeinsam zuständig:

› **Seychelles Tourist Office,** Hochstraße 17, 60313 Frankfurt am Main, Tel. 069 29720789, www.seychelles.travel, geöffnet: Mo– Fr 9–13, 14–17 Uhr
› **Seychelles Tourist Office,** Bel Ombre, PO Box 1262, Victoria, Mahé, Tel. +248 4671300, www.seychelles.travel, geöffnet: Mo–Fr 8–6 Uhr

Das semidemokratische politische System äußert sich auch darin, dass es mit *The Nation* nur eine Tageszeitung auf den Seychellen gibt. Das Blatt erscheint in Kreol, Englisch und Französisch und ist verlässlich regierungsfreundlich. Dennoch lohnt die Lektüre, da man so einen Einblick in die lokalen Befindlichkeiten erhält.
› www.nation.sc

Meine Literaturtipps

Gerade für eine Urlaubsdestination wie die Seychellen, auf der für viele Ruhe und Entspannung an erster Stelle stehen, wünscht man sich eine gute Auswahl an Reiseliteratur. Gemütlich in der Hängematte liegen oder auf der Terrasse sitzen und ein Buch über Land und Leute schmökern, dafür eignen sich die Seychellen geradezu ideal. Leider fehlt es zu diesem Vergnügen nur an einem – eben genau jener Auswahl. Wahrscheinlich liegt es an der Abgeschiedenheit und geringen Einwohnerzahl, dass es kaum empfehlenswerte Literatur zu den Seychellen gibt.

› *Heike Mallad,* **Seychellen – Eine Anleitung zum Inselglück,** *FAW-Verlag. Der Titel ist Inhalt. In 18 Kapiteln beschreibt die Seychellen-Liebhaberin in diesem persönlich gehaltenen Buch, warum sie sich in Land und Leute verliebt hat. Dabei erfährt man viel Wissenswertes über die Inseln.*

› *Isabel Beto,* **Korallenfeuer,** *Rowohlt. Der historische Roman beschreibt ohne Kitsch die Liebe zwischen einer Sklavin und einem französischem Arzt. Sehr Anschaulich werden die Natur, die Geschichte und das harte Leben der Sklaven auf den Seychellen Anfang des 19. Jahrhunderts beschrieben.*

Infos für LGBT+

„Leben und leben lassen" ist die Devise der Seychellois und entsprechend sind sie der gleichgeschlechtlichen Liebe gegenüber tolerant eingestellt. Die Einwohner des klassisch multiethnischen Landes sind traditionell liberal. Eine offene Szene besteht jedoch nicht, was sicher auch damit zu tun hat, dass das Nachtleben in Form von Discos und Nachtklubs sehr beschränkt ist. Gay-friendly-Hotels gibt es nicht, doch unter dem Motto „Jeder und jede ist willkommen" ist keine Art von Diskriminierung gegenüber gleichgeschlechtlichen Paaren bekannt. Offiziell ist Homosexualität legal.

Internet

So gut wie alle Resorts, Guest Houses und Bungalowunternehmen auf den Inseln haben WLAN oder zumindest einige PCs, die Gästen zur Verfügung stehen. Internetcafés findet man in Victoria bei Cable & Wireless an der Francis Rachel Street und im Double Click. In Letztgenanntem kann man auch sein eigenes Notebook ans Netz hängen.

- **Cable & Wireless (C & W)** <128>
  Francis Rachel Street, Victoria, neben dem Kenwyn House gegenüber der National Library, Tel. 322221, geöffnet: tgl. Mo-Fr 9-16, Sa 8-12 Uhr
- **Double Click Seychelles** (s. S. 30), Internetcafé und Snackbar in einem

Auf La Digue gibt es mehrere kleine Internetcafés nahe dem Hafen, auch hier kann man das eigene Notebook nutzen.

Die **Prepaid-SIM-Karte** des lokalen Anbieters kann man einfach ins Modem oder Smartphone einlegen und lossurfen!

In manchen Hotels auf Mahé und Praslin, aber besonders auf La Digue, gibt es ausschließlich **iSurf**. Bei diesem System (meist 100 SR für eine Stunde) ist keine online-Registrierung erforderlich, sondern man loggt sich entweder in die jeweilige Website ein oder besorgt sich eine iSurf-Prepaid-Karte.

Maße und Gewichte

Die auf den Seychellen gebräuchlichen Maße und Gewichte folgen dem metrischen System, also Kilometer, Kilogramm, Liter etc.

Medizinische Versorgung

Die Seychellen verfügen flächendeckend über eine **hervorragende medizinische Grundversorgung**, die von allen Einheimischen kostenlos in Anspruch genommen werden kann. Die **Kliniken** in größeren Ortschaften auf Mahé und auch Praslin und La Digue sind werktags 8–16 Uhr, samstags nur bis 12 Uhr geöffnet. Im Krankenhaus in Victoria stehen auch zahlreiche Fachärzte zur Verfügung. Allerdings ist die technische Ausrüstung der Krankenhäuser nicht auf mitteleuropäischem Stand.

In dringenden Fällen empfiehlt sich ein Rücktransport ins Heimatland, wobei man bereits vor der Abreise klären sollte, ob man dafür versichert ist. (Der Abschluss einer privaten Reisekrankenversicherung ist in jedem Fall anzuraten, s. S. 131.)

In den größeren Hotels macht normalerweise eine Krankenschwester Dienst, die, falls notwendig, den Patienten an einen Arzt weitervermittelt. Privatärzte haben sich hauptsächlich in Victoria niedergelassen, sie sind in den gelben Seiten des Telefonbuchs aufgelistet.

Das Zentralkrankenhaus mit Zahn- und Augenklinik befindet sich auf Mahé, ein weiteres in Anse Royale ⓳. In den größeren Ortschaften der Hauptinsel gibt es Krankenstationen. Praslin hat je eine Klinik in Baie Sainte Anne ⓴ und Grand Anse ㊽, La Digue verfügt über ein Krankenhaus.

- **Zentralkrankenhaus Mahé** <130> Mont Fleuri Road, Victoria, Tel. 388000
- › **Krankenhaus Anse Royale** <131> Mahé, Tel. 371222
- › **Krankenhaus Baie Sainte Anne** <132> Praslin, Tel. 232333
- › **Logan Krankenhaus** <133> La Digue, Tel. 234255

Besucher der Seychellen brauchen keine Impfpässe mitzubringen, es sei denn, sie reisen aus einem afrikanischen Land ein, in dem das Gelbfieber verbreitet ist.

Da die Einheimischen kostenlose medizinische Versorgung genießen, gibt es nur wenige auch für Touristen nutzbare **Apotheken**. Selbige sind zudem nicht immer ausreichend bestückt. Die beste Adresse ist auch hier das Krankenhaus in Victoria mit der ihm angeschlossenen Central Pharmacy. Eine weitere Apotheke findet sich mit der Lai-Lam Pharmacy in der Market Street im Stadtzentrum von Victoria.

- **Lai Lam Pharmacy** <134> Market Street, Tel. 322336, geöffnet: Mo–Fr 9–17, Sa 9–13 Uhr

Aldabra-Riesenschildkröten faszinieren Groß und Klein gleichermaßen

Ortstypische Krankheiten

Erstaunlicherweise gibt es auf den tropischen Seychellen so gut wie keine aus anderen Ländern Asiens, Afrikas oder Südamerikas bekannten Tropenkrankheiten.

Einzig das sogenannte **Denguefieber** scheint alle paar Jahre Einzug zu halten. Diese Krankheit, die von Moskitos übertragen wird, verursacht hohes Fieber, Kopfschmerzen, Muskel- und Gelenkschmerzen sowie Erbrechen. Sie wird im Krankenhaus mit einem Bluttest diagnostiziert, eine Therapie gibt es allerdings nicht. Wer Denguefieber hat, sollte Aspirin und andere Mittel auf der Basis von Acetylsalicylsäure (ASS) vermeiden. Es kann einige Wochen dauern, bis man die Krankheit überwunden hat. Das Risiko für Kurzreisende ist jedoch recht gering.

Magen- und Darmerkrankungen: Viele Reisende bekommen in Asien Durchfall. Normalerweise ist das kein Zeichen einer schweren Erkrankung, eher liegt es am fremden Essen, am Trinkwasser und heißen Klima. Reisende sollten darauf achten, immer genug Wasser zu trinken.

Wer sich in den Tropen körperlich anstrengt, trocknet sehr schnell aus. Rehydrationssalz kann man in Apotheken kaufen. Wer krank wird, sollte ungewürzte Speisen zu sich nehmen und, wenn es geht, Durchfallmittel wie Imodium meiden – diese heilen den Darm nicht, sondern verschließen ihn lediglich. Wer mehr als 48 Stunden lang Durchfall hat, eventuell auch blutigen Stuhlgang, sollte schleunigst einen Arzt aufsuchen.

Mit Kindern unterwegs

Trotz der erheblichen Kosten ist es keine Seltenheit, dass ganze Familien aus Europa Urlaub auf den Seychellen machen. Tatsächlich eignen sich die Inseln hervorragend für Kinder. Zunächst und vor allem sind die Seychellen ein **sicheres Reiseland**, da es keine tropischen Krankheiten und gefährliche Tiere gibt. Auch ist es zu jeder Tages- und Nachtzeit sicher, sich in der Öffentlichkeit aufzuhalten. Darüber hinaus sind die Einheimischen sehr kinderlieb und gerade Familien gegenüber besonders zuvorkommend. Kinderspezifische Einrichtungen in Hotels und Restaurants wie Klubs sind zwar die Ausnahme und auch spezielle Themenparks für Kinder findet man auf den Seychellen vergeblich. Die sind aber auch nicht nötig, handelt es sich doch bei den Inseln mit ihren natürlichen Attraktionen um einen einzigen Abenteuerspielplatz. So bieten sich genügend Möglichkeiten, um die Kleinen zu unterhalten. Strände, häufig seicht abfallend ins Meer und entsprechend sicher, sind ein Paradies für Kinder und Erwachsene gleichermaßen. Das gleiche gilt für Wassersportaktivitäten, sei es nun tauchen, paddeln oder zum Beispiel mit einem Katamaran zu den vorgelagerten Inseln fahren. Wenn dabei noch ein Picknick am Strand eingebaut wird, sind die Kids mit Sicherheit hellauf begeistert.

Allerdings sollte man gerade bei Kindern auf einen besonders flächendeckenden Schutz der Haut mit **Sonnencreme** mit sehr hohem Sonnenschutzfaktor achten.

Bei **Babys** sollte man daran denken, schon von zu Hause genügend Windeln und spezielle Babynahrung mitnehmen, da solche nur schwer zu bekommen und teuer sind.

▷ *Die einheimischen Briefmarken spiegeln die bunte Natur des Landes wider*

Notfälle

Notrufnummern der Seychellen:
› Polizei, Notarzt oder Feuerwehr: 999
› Telefonnummern der Krankenhäuser s. S. 116

Bei Verlust der Maestro-(EC-) oder der Kreditkarte gibt es für **Kartensperrungen** eine deutsche Zentralnummer (unbedingt vor der Reise klären, ob die eigene Bank diesem Notrufsystem angeschlossen ist). Aber Achtung: Mit der telefonischen Sperrung sind die Karten zwar für die Bezahlung/Geldabhebung mit der PIN gesperrt, nicht jedoch für das Lastschriftverfahren mit Unterschrift. Man sollte daher auf jeden Fall den Verlust zusätzlich bei der Polizei zur Anzeige bringen, um gegebenenfalls auftretende Ansprüche zurückweisen zu können.

In Österreich und der Schweiz gibt es keine zentrale Sperrnummer, daher sollten sich Besitzer von in diesen Ländern ausgestellten Maestro-(EC-) oder Kreditkarten vor der Abreise bei ihrem Kreditinstitut über den zuständigen Sperrnotruf informieren.

Generell sollte man sich immer die wichtigsten Daten wie Kartennummer und Ausstellungsdatum separat notieren, da diese unter Umständen abgefragt werden.
› Deutscher Sperrnotruf: Tel. +49 116116 oder Tel. +49 30 40504050
› Weitere Infos: www.kartensicherheit.de, www.sperr-notruf.de

Wird der **Reisepass oder Personalausweis** im Ausland gestohlen, muss man den Verlust bei der örtlichen Polizei melden. Darüber hinaus sollte man sich an die nächste Auslandsvertretung (s. S. 110) seines Landes wenden, damit man einen

Ersatz-Reiseausweis für die Rückkehr ausgestellt bekommt (ohne kommt man nicht an Bord eines Flugzeugs!). In dringenden Notfällen sind die Auslandsvertretungen bemüht, vermittelnd zu helfen. Man sollte beachten, dass die Vertretungen gegen Mittag für den Kundenverkehr schließen.

Öffnungszeiten

Büros: Mo-Fr 8-12, 13-16 Uhr. Geschäfte: Mo-Fr 8-17, Sa 8-12 Uhr. Manche machen Mittagspause von 12 bis 13 Uhr. Kleine Läden am Stadtrand oder in den Dörfern bleiben häufig bis spät abends geöffnet, mitunter auch samstagnachmittags und an Sonntagen. Das gilt auch für Geschäfte in Hotelnähe bzw. für Hotelboutiquen.

Post

Die einheimische Post gilt als zuverlässig. Angst, dass Briefmarken gestohlen werden oder dass Post gar nicht am Zielort ankommt, braucht man hier nicht zu haben. Briefkästen findet man selbst in kleineren Ortschaften (an den Polizeistationen). Natürlich kann man seine Post auch im Hotel abgeben. Luftpostbriefe bzw. -karten nach Europa dauern etwa eine Woche. Ein internationaler Luftpostbrief oder eine Postkarte kosten einheitlich 8 SR.

Auf Praslin gibt es zwei Postämter, auf La Digue eine Post.

❼ [D3] **Hauptpost,** Independence Avenue (unmittelbar am Clock Tower), Victoria, Mahé, Tel. 4225222, geöffnet: Mo-Fr 8-16, Sa 8-12 Uhr. Inkl. Extraschalter für Philatelisten.
› Post (1), Baie Sainte Anne ⓰, Praslin, geöffnet: Mo-Fr 8-16, Sa 8-12 Uhr
› Post (2), Grand Anse Village ⓸⓼, Praslin, geöffnet: Mo-Fr 8-16, Sa 8-12 Uhr
› Post (3), La Passe ⓹⓹, La Digue, geöffnet: Mo-Fr 8-16, Sa 8-12 Uhr

Sicherheit

Eine der vielen schönen Eigenschaften der Seychellen ist, dass es ein sehr **sicheres Reiseland** ist. Selbst nach Sonnenuntergang kann man sich problemlos bewegen, Überfälle auf Touristen kommen so gut wie nie vor. Wie in allen Ländern sollte man seine Wertsachen dennoch im Tresor seines Hotels aufbewahren.

Falls doch etwas passiert, sollte man es der Polizei melden, die sich besonders gegenüber Touristen als sehr hilfsbereit zeigt.

Sprache

Die Seychellois sind ein multiethnisches Gemisch und entsprechend vielsprachig. Alle Einheimischen sprechen **Kreol** (s. S. 134). Kreol ist eine Sprache, die sich aus dem Französisch der Kolonialherren entwickelt hat und gleichzeitig mit den Wörtern der Bantusprachen, Kisuaheli, Mada-

> **LITERATURTIPP**
>
> **Kreol für die Seychellen**
> Ideal zum Lernen der einheimischen Sprache ist der Kauderwelsch-Führer von Uta Goridis aus dem REISE KNOW-HOW Verlag. Neben Wörterlisten, Vokabeln, Beispielsätzen und Übersetzungshilfen zeichnet den Sprachführer aus, dass die Grammatik des Kreol in einfachen Worten so weit erklärt wird, dass man ohne viel Paukerei mit dem Sprechen beginnen kann. Eine Wort-für-Wort-Übersetzung macht die fremde Sprache sehr gut durchschaubar. Auf diese Weise kann man auch als Anfänger einzelne Vokabeln im Satz austauschen und schnell mit dem Sprechen beginnen.

gassisch, Hindi, Urdu und dem Englischen vermischt ist. Erste Fremdsprache ist **Englisch,** welches von 95 % der Bevölkerung gesprochen wird. **Französisch** versteht auch noch etwa die Hälfte der Inselbewohner, doch insgesamt ist es auf dem Rückzug.

Wer sich als Tourist die Mühe macht, ein wenig Kreol zu lernen, wird dafür von den Einheimischen mit viel Sympathie und häufig einer Einladung rechnen dürfen. Im Anhang befindet sich hierfür die „Kleine Sprachhilfe" (s. S. 134).

Telefonieren

Von Deutschland, Österreich oder der Schweiz aus erreicht man die Seychellen unter der **Vorwahl 00248.** Städtevorwahlen gibt es nicht.

Die Seychellen verfügen über ein modernes, effizientes Kommunikationssystem. Es gibt derzeit zwei Telefonanbieter nach GSM-Standard: **Cable & Wireless** und **Airtel.** Karten- und Münztelefone gibt es in den meisten Bezirken der Hauptinseln. Ein internationales Roamingabkommen wird zwischen den Seychellen und weiteren Ländern ausgebaut. Es besteht eine direkte Durchwahlmöglichkeit nach Europa. Die Vorwahl für Deutschland ist 0049, für Österreich 0043, für die Schweiz 0041. Die 0 der anschließenden Ortsvorwahl fällt dann weg. In den größeren Hotels hat man eine Durchwahlmöglichkeit vom Zimmer aus. Weitaus billiger telefoniert man von den öffentlichen Fernsprechern.

Die **weißen Public Phones** findet man auf Mahé, Praslin und La Digue fast ausschließlich an den Hauptstraßen. Viele davon sind Kartentelefone. Telefonkarten bekommt man in Postämtern, Tankstellen, kleinen Läden, in Boutiquen und im Büro von Cable & Wireless (s. S. 115) in Victoria, Francis Rachel Street, gegenüber dem National-Library-Gebäude. Von dort aus kann man auch rund um die Uhr günstig telefonieren. Für Münzfernsprecher benötigt man Münzen von ein oder fünf Rupien. Mobile Telefone (GSM-Standard mit lokalen SIM-Karten) sind auf den Seychellen einsetzbar. Die Karten sind bei Cable & Wireless in Victoria erhältlich.

◪ *Ein Ausflug mit dem Katamaran zu den zahlreichen Inseln der Seychellen gehört zu einem der Höhepunkte jeder Reise*

◪ *Das mobile Netz auf den Seychellen stellt Cable & Wireless (s. S. 115)*

Kostenfalle Datenroaming

Viele Reisende nutzen auch im Ausland eine **mobile Datenverbindung**. Dies ist jedoch häufig mit hohen Kosten verbunden. Man sollte daher vor der Reise bei seinem Netzbetreiber Informationen über evtl. günstigere Auslandsdatenpakete einholen oder zur Sicherheit die Mobile-Daten-Option deaktivieren und nur über kostenlose WLAN-Netze ins Internet gehen.

Touren

Die meisten Touristen buchen während ihres Aufenthaltes zumindest einmal einen Ausflug mit einem lokalen Anbieter. Sehr beliebt sind **Bootsausflüge** zu den vorgelagerten Inseln oder Erkundungen der „eigenen" Insel. Hinzu kommen Aktivausflüge wie Wandern, Tauchen, Schnorcheln oder Unterwassererkundungen.

Die beiden meistgebuchten Ausflüge auf Mahé sind der Besuch der Hauptstadt Victoria inklusive des

Botanischen Gartens ⓾ und eine Bootstour zu den vorgelagerten Inseln des St. Anne Marine National Park (s. S. 54). Ganztagesausflüge beinhalten meist ein Mittagsbuffet in einem Restaurant. Während die Kosten hierfür um die 60–80 € liegen, muss man für Ganztagesausflüge von Mahé nach Praslin und La Digue um die 100–130 € veranschlagen. Mit ca. 150 € noch teurer ist ein Halbtagesausflug per Boot zum Hochseefischen. Allerdings ist dann die Wahrscheinlichkeit, einen dicken Fisch an die Angel zu bekommen, auch recht groß.

Bei folgenden drei empfehlenswerten Reiseveranstaltern kann man derartige Ausflüge (und selbstverständlich auch viele weitere touristische Dienste) buchen:
- **Creole Travel Service** <135> Orion Building, P.O. Box 611, Victoria, Mahé, Tel. 429700, www.creoletravelservices.com
- **Mason's Travel** <136> Michel Building, Revolution Ave., PO Box 459, Victoria, Mahé, Tel. 4288888, www.masontravel.com
- **Sea Shell Travel** <137> Office No. 4, Trinity House, P.O. Box 349, Victoria, Mahé, Tel. 4373106, seashelltravel.sc

Trinkgeld

Ein Bedienungszuschlag von fünf bis zehn Prozent ist meistens schon in Rechnungen enthalten, daher ist es auf den Seychellen nicht notwendig, Trinkgeld zu geben. Dies trifft vor allem für Rechnungen in Restaurants, Hotels, bei Taxis oder für Gepäckträgerservice zu.

Bei ausgesprochen gutem Service, zum Beispiel eines Zimmermädchens, wird ein extra Trinkgeld natürlich trotzdem gern angenommen.

Uhrzeit

Die Seychellen sind der mitteleuropäischen Zeit um 3 Stunden voraus, während der Sommerzeit um 2 Stunden. Wenn es also in Deutschland 12 Uhr mittags ist, ist es auf den Seychellen im Winter 15 Uhr, im Sommer 14 Uhr.

Besucher genießen das ganze Jahr über fast 12 Stunden Tageslicht, mit Sonnenaufgängen kurz nach 6 Uhr und Sonnenuntergängen gegen 18.30 Uhr.

Unterkunft

Vom einfachen Strandappartement mit Selbstversorgung über kleine Pensionen mit lokalem Essen und Luxusresorts internationaler Spitzenklasse bis hin zu exklusiven Island Lodges auf Privatinseln mit eigenem Butler ist auf den Seychellen alles möglich. Die einzigen zwei Übernachtungsmöglichkeiten, welche man vergeblich sucht, sind Strandhütten aus Naturmaterialien wie zum Beispiel in Thailand und gesichtslose Bettenburgen à la Massentourismus. Die Regierung der Seychellen hat seit Beginn des internationalen Tourismus Anfang der siebziger Jahre bewusst auf hochpreisigen Qualitätstourismus gesetzt, was sich bis heute in individuell gestalteten Unterkünften widerspiegelt.

Auch wenn der Preisstandard für jede der hier genannten Kategorien im internationalen Vergleich recht hoch ist, so wird doch viel fürs Geld geboten. Allen gemeinsam ist die

▷ *Auf den Seychellen herrscht an exklusiven Unterkünften kein Mangel*

Unterkunft

wunderbare Lage am schneeweißen Strand oder in Hanglage mit herrlichem Ausblick. Wer sich in eines der Spitzenhotels einbucht, kann entsprechenden Service des Personals erwarten, das häufig in internationalen Toppositionen geschult wurde.

Anders sieht es bei den **Privatunterkünften** aus. Der Mangel an geschultem Personal wird jedoch fast immer durch die Freundlichkeit der oft von den Besitzern geführten Pensionen wettgemacht. Im Übrigen sind sie meist allzu gerne bereit, Auskunft über das lokale Leben und praktische Tipps zu geben. Nicht alle Privatunterkünfte verfügen über klimatisierte Räume, was angesichts der hohen Luftfeuchtigkeit zu einem Problem werden kann. Allerdings haben viele beim Bau die Vorteile der natürlichen Ventilation berücksichtigt, indem tief heruntergezogene Dächer sowie Lamellenfenster für Schatten und Durchzug sorgen.

Die Hauptinsel **Mahé** bietet die größte Anzahl an Unterkünften aller Klassen. Ob nun an den Hauptstränden wie Beau Vallon ⓯ oder Anse Intendance ㉔ oder an den kleinen, verschwiegenen Buchten wie Petite Anse ㊷ (Westen/Takamaka) oder Baie Lazare ㉕ – die Auswahl an Spitzenhotels und kleineren Privatunterkünften ist zumindest im Seychellen-Standard hervorragend. Erfreulicherweise ist die Insel noch weit entfernt vom Massentourismus. So finden sich selbst an den populärsten Stränden immer noch weite, fast unberührte Abschnitte. Hinzu kommt, dass einige der Luxusresorts wie etwa das Banyan Tree Hotel (s. S. 44) oder das Lemuria Resort (s. S. 70) über ihre eigenen Buchten verfügen, wo sich dann nur Hotelgäste aufhalten. Bei fast allen Hotels ist die tropische Natur in die Anlage integriert.

Bei „Self Catering"-Unterkünften oder Pensionen handelt es sich meist um Privatunterkünfte direkt am Strand oder in Hanglage mit Blick auf den Ozean. Resorts bieten mit ihren

> **EXTRATIPP**
>
> **Außer Haus essen**
> Jedes Hotel auf den Seychellen betreibt mindestens ein eigenes Restaurant, in dem auch Nichthotelgäste willkommen sind. Wer jedoch ausschließlich hier isst, wird vielleicht eine der größten Urlaubsfreuden verpassen. Es gibt nämlich eine ganze Reihe von Spezialitätenrestaurants auf Mahé, Praslin und La Digue, die köstliche kreolische Kreationen auf den Tisch bringen. Empfehlenswerte Restaurants werden bei der jeweiligen Insel unter der Rubrik „Essen und Trinken" beschrieben.

individuell gestalteten Villen und Bungalows, die von tropischen Gärten umgeben sind, einen Luxusservice auf internationalem Standard mit Pool, Spa und mehreren Restaurants. Hier könnte man sich den ganzen Urlaub verwöhnen lassen, ohne die Anlage nur ein einziges Mal zu verlassen, wobei man aber viele andere paradiesische Orte verpassen würde.

Noch einmal eine Exklusivitäts-Skala höher angesiedelt sind die **Island Lodges** auf den der Hauptinsel vorgelagerten Inseln. Dabei handelt es sich um exklusive Villen mit eigenem Pool

Die Kreolen: von Natur aus gelassen und tolerant

Genügsam, respektvoll und gelassen kommen sie daher – die Bewohner der Seychellen. Über 90 % der Seychellois, knapp 90.000 Einwohner, bezeichnen sich selbst als Kreolen. Damit sind sie ein kleiner Teil der etwa 10 Millionen Menschen weltweit, welche Kreol als ihre Hauptsprache angeben. Die mit Abstand größte Zahl von ihnen wohnt mit etwa 5 Millionen in den Südstaaten der USA. Weitere 3 Millionen sind auf den Karibik-Inseln Haiti, Guadeloupe, Martinique, St. Lucia, St. Barth und Marie Galante beheimatet. Schließlich noch 2 Millionen auf den Inseln des Indischen Ozeans Mauritius, Réunion und eben den Seychellen.

Der Begriff Kreole geht auf die Portugiesen, die ersten europäischen Kolonisatoren Westafrikas zurück, und leitet sich von dem Wort „Crioulo" ab, was so viel wie „aufziehen" oder „heranziehen" bedeutet. In der frühen Kolonialgeschichte des 17. und 18. Jh. entstand eine Mischgesellschaft aus Menschen mit europäischer und afrikanischer Herkunft. Auf den Seychellen war dies fast immer die Vermischung französischer Kolonisatoren mit afrikanischstämmigen Plantagenarbeitern. Darüber hinaus können sich jedoch auch Menschen rein europäischen, afrikanischen oder anderen Ursprungs wie Indien oder China als Kreolen bezeichnen.

So unterschiedlich die Sitten und Bräuche der einzelnen Gruppen auch sein mögen, das alle einende Band ist die gemeinsame Kreolsprache. Etwa 50 % des auf den Seychellen verwandten Wortschatzes gehen auf die französische Sprache zurück und werden im Mutterland bis heute benutzt. Ein Teil davon hat jedoch im Laufe der Jahrhunderte ihre ursprüngliche Bedeutung verloren beziehungsweise eine zusätzliche hinzugewonnen. Ein weiteres Drittel des kreolischen Wortschatzes setzt sich aus Wörtern zusammen, die die unterschiedlichen, auf die Seychellen eingewanderten Völker eingeführt haben. Englisch, Suaheli, Hindi und vor allem Madagassisch sind dabei die bedeutendsten.

und zum Teil sogar eigenem Butler. Häufig befinden sich die Inseln im Besitz der Betreiberfirma. Hier ist man den auf den Seychellen ja eh schon geringen Einflüssen der Zivilisation fast gänzlich entzogen, kann die Seele baumeln lassen und sich voll und ganz dem Luxus der Tropen hingeben – solange man das nötige Kleingeld besitzt.

Das Angebot auf **Praslin**, der zweitgrößten Insel der Seychellen, ähnelt jenem auf Mahé, außer dass alles einen etwas kleineren und individuelleren Eindruck macht.

La Digue ist so etwas wie die Insel der Individualisten und so findet man hier fast ausschließlich von Besitzerfamilien geführte Pensionen. Die meisten von ihnen sind von tropischen Gartenanlagen umgeben und liegen 5–10 Minuten zu Fuß hinter den Stränden. In den letzten Jahren ist jedoch auch hier eine Tendenz zu mehr Qualität und höherer Ausstattung festzustellen. Der Trend geht von hübsch, aber spartanisch eingerichteten Zimmern im Haus des Besitzers zu Miniatur-Hotelanlagen mit bis zu 20 Zimmern und kleinen Bunga-

---

Bei dieser seit Jahrhunderten gewachsenen, multiethnischen Zusammensetzung der Gesellschaft ist es kein Wunder, dass sich in den Straßen Victorias Menschen verschiedenster Hautfarbe befinden. Hinzu kommt, dass Mischfamilien eher die Regel als die Ausnahme sind und fast die Hälfte aller Kinder auf den Seychellen außerehelich geboren werden. Es ist keine Seltenheit, dass der Ehemann neben seiner Frau noch eine Geliebte hat.

Unterschiedlichkeit in Aussehen und Herkunft ist für die Seychellois ein entsprechend selbstverständlicher Teil der täglich gelebten Kultur. Ethnische Konflikte zwischen den einzelnen Bevölkerungsgruppen sind so gut wie unbekannt. Gleichzeitig gilt jedoch auch auf den Seychellen die in den allermeisten Ländern der Erde geltende Regel, dass eine helle Hautfarbe immer noch erstrebenswerter ist als eine dunkle. Nicht zufällig finden sich unter den Vertretern der Regierung und in bedeutenden Positionen der Wirtschaft und Verwaltung immer noch mehr hell- als dunkelhäutige Menschen - und dies, obwohl etwa 90 % der Bevölkerung afrikanischen und damit dunkelhäutigen Ursprungs sind. Entsprechend sind viele afrikanische Bräuche wie Natur- und Geisterglaube im Alltagsleben noch sehr lebendig.

Das Erbe der europäischen Kolonialisierung ist, dass sich über 90 % der Bevölkerung zum christlichen Glauben bekennen.

Allerdings geht die Bedeutung der Religion auch auf den Seychellen zurück; speziell unter der jüngeren Generation, wobei 60 % der Bevölkerung unter 30 Jahre alt ist. Bei aller Unterschiedlichkeit in Herkunft und Kultur ist allen Seychellois gemeinsam, dass sie eine geradezu ansteckende Gelassenheit ausstrahlen. Stress, Hektik und Rastlosigkeit scheint ihnen fremd. „Take it easy", „Don't rush, it's not worth it" sind ihre Lieblingskommentare, wenn sie mal wieder einem reichlich gestressten europäischen Urlauber zulächeln.

Verhaltenstipps

lows, eigenem Pool und Restaurant. Weit über die Hälfte aller Hotelbuchungen auf den Seychellen werden im Rahmen der Reisebuchung über Reisebüros vorgenommen. Das hat den Vorteil, dass man sich im Komplettangebot mit An- und Rückreise um nichts weiter kümmern muss, zumal die großen Reiseveranstalter häufig auch noch recht günstige Angebote erhalten. Seine Unterkunft kann man im Voraus auf den üblichen Plattformen buchen, spezialisiert auf die Seychellen ist www.seyvillas.com.

Häufig ist es jedoch ratsam, auf die besonders in der Nebensaison erstaunlich günstigen Sonderangebote der Websites der einzelnen Hotels zu achten. Schließlich kann man über die in diesem Buch angegebenen Kontaktadressen die Hotels individuell kontaktieren und ein Angebot einholen, das oft günstiger ist als über einen Anbieter.

Wer eine Fernreise zu einem solch teuren Ferienziel wie den Seychellen bucht, erwartet für sein teures Geld neben schönem Wetter, tollen Stränden und Spitzenhotels auch einen entsprechend hervorragenden Service. So verständlich das auch sein mag – die Chance, dass es dann vor Ort anders aussieht, ist relativ hoch. Die Seychellois sind zweifelsohne gastfreundliche und liebevolle Menschen. Häufig wird man von sehr freundlichen und gut geschulten Kellnern, Zimmermädchen oder Rezeptionisten bedient. Es ist aber keine Seltenheit, dass man auf sein Essen lange warten muss und Reklamationen beim Hotel nur schleppend behoben werden. Ohne dabei abweisend zu sein, hat man häufig den Eindruck, dass das einheimische Servicepersonal seiner Arbeit zwar gewissenhaft, aber ohne großen Enthusiasmus nachkommt.

Bevor man sich darüber lauthals aufregt, sollte man nicht vergessen, dass der Tourismus auf den Seychel-

◨ *Moderne Fähren verbinden die Hauptinseln*

len noch relativ jung und der Standard allein schon deshalb noch nicht auf internationalem Niveau ist. Im Übrigen spielt Zeit in der einheimischen Kultur eine ganz andere Rolle als im Westen.

Das friedvolle Verweilen im „Hier und Jetzt", anstatt hektisch seine Arbeit zu verrichten, wird als typische seychellische Eigenart geschätzt. Gerade als Gast sollte man die Eigenarten als Erweiterung des eigenen Horizontes schätzen, anstatt sie sofort zu kritisieren. Entsprechend ist es vielleicht eine gute Idee, beim Warten auf das Abendessen im Strandrestaurant den Sternenhimmel zu genießen, anstatt sich über den vermeintlich schleppenden Service zu echauffieren.

Verkehrsmittel

Flugzeug

Air Seychelles verbindet bis zu 15-mal täglich Mahé und Praslin. Der Flug dauert 15 Minuten und erspart einem die zum Teil recht schaukelige Überfahrt mit der Fähre. Tickets für die Flüge können entweder am Flughafen, bei Air Seychelles, bei jedem Reisebüro oder in den meisten Unterkünften gekauft werden. Da sich die Flugpläne häufig ändern, erkundigt man sich am aktuellsten auf der Website von Air Seychelles.

Offiziell herrscht auf Inlandsflügen ein Limit von 10 kg Freigepäck, für jedes weitere kg muss 1 € gezahlt werden. De facto wird davon meist jedoch kein Gebrauch gemacht. Dies gilt insbesondere für jene Urlauber, die direkt nach der Ankunft mit einem internationalen Flug in Mahé nach Praslin weiterfliegen.
› www.airseychelles.com

Fähren

Die populärste Reiseform zwischen den Hauptinseln sind die modernen Fähren **Cat Cocos**. Die Überfahrten von Mahé nach Praslin dauern eine knappe Stunde und werden in modernen Motorkatamaranen durchgeführt. Von Praslin nach La Digue dauert die Überfahrt etwa 30 Minuten. Bei Wellengang kann die Fahrt sehr unruhig und entsprechend unangenehm werden. Die auf jeder Überfahrt eingesetzten Stewardessen sind für den Fall der Fälle mit einem Beutel ausgerüstet, kümmern sich um bedürftige Gäste und sind meist recht beschäftigt. Wer unter Seekrankheit leidet, sollte deshalb bereits vor der Abfahrt dagegen eine Tablette nehmen.

Es gibt 2 bzw. 3 Fährverbindungen zwischen Mahé und Praslin pro Tag,

▷ *Zuverlässig und eine gute Möglichkeit, um mit Einheimischen in Kontakt zu kommen: die öffentlichen Busse*

mit einer Verbindung täglich weiter nach La Digue. Normalerweise fahren die Fähren sehr pünktlich ab, alles macht einen sehr professionellen Eindruck. Auf der Strecke Mahé–La Digue wird üblicherweise eine etwas kleinere Fähre eingesetzt als auf der Strecke Mahé–Praslin.

Reisende, die leicht seekrank werden, sollten von Mahé nach La Digue via Praslin mit der größeren und ruhiger im Wasser liegenden Fähre fahren, also das Umsteigen auf Praslin in Kauf nehmen. Die Fähren starten bzw. enden am **Inter Island Terminal**, der vom Flughafen mit einem kostenlosen Zubringerbus angefahren wird.

› Der **Fahrplan** wechselt je nach Jahreszeit und kann unter www.catcocos.com eingesehen werden (Menü: Schedule). Zur Zeit der Drucklegung kostete eine einfache Fahrt Mahé–Praslin 50 € und Mahé–La Digue 64 € (5 € Zuschlag für das Außendeck). Kinder zwischen 2 und 12 Jahren zahlen die Hälfte. Es gibt 3 Klassen: Economy Main Cabin (174 Sitzplätze), Economy Class Upper Cabin (142 Sitzplätze) und Business.

Bus

Sowohl zum Erkunden der Insel als auch um in Kontakt mit Einheimischen zu kommen, ist es sehr zu empfehlen, zumindest einmal einen öffentlichen Bus zu benutzen. Im Übrigen ist das Vergnügen mit maximal 12 SR sehr billig. Auf Mahé und Praslin kann man fast jeden Ort mit dem Bus erreichen.

Die Busse haben feste Abfahrtszeiten vom zentralen Busbahnhof in Victoria. Auf den vielbefahrenen Strecken, insbesondere zwischen Victoria und Beau Vallon Bay ⓯, fährt alle Viertelstunde ein Bus, zu den weiter entfernt gelegenen Orten im Süden und Norden alle halbe Stunde oder jede Stunde. Nach 19.30 Uhr werden die meisten Verbindungen ganz eingestellt, auch die wichtigsten Busse in Nord-Mahé fahren dann nur noch selten. Auch sonntags fahren die Busse recht selten und mit sehr langen Intervallen. Bei Schulschluss zwischen 13.30 und 15 Uhr werden öffentliche Busse zu Schulbussen umfunktioniert, sodass die Wartezeiten deutlich länger ausfallen.

Mietwagen

Egal ob man nun pauschal oder individuell unterwegs ist – wer die Inseln Mahé oder Praslin auch nur ein wenig außerhalb der eigenen Hotelmauern erleben möchte, sollte sich zumindest einmal einen Mietwagen ausleihen. Abgesehen von der Ausfahrt nach den Stränden im Norden von Mahé und zur Hauptstadt Victoria werden fast nur zu den vorgelagerten Inseln Pauschalausflüge angeboten. Der eigene Wagen bietet so die Möglichkeit, die beiden Hauptinseln entlang der Uferstraßen zu erleben und abgelegene Strände zu besuchen. Im Übrigen liegen viele Hotels weit abseits der nächsten größeren Ansiedlung, sodass man ohne individuelles Transportmittel fast gänzlich auf den Hotelbereich beschränkt ist.

Es gibt eine ganze Reihe von Mietwagen(Car Hire)-Firmen auf Mahé und Praslin, die sich entweder bereits am Flughafen oder in den größeren Hotels anbieten. Ansonsten genügt ein Blick in den Branchenteil des Telefonbuchs und ein kurzer Anruf, um zu einem Mietauto zu kommen. Mietwagen sind je nach Mietdauer für 60–80 € pro Tag zu bekommen.

Die allermeisten Anbieter haben kleinere asiatische Wagen wie Kia,

Verkehrsmittel

Suzuki oder Honda im Angebot, was auf Mahé und Praslin absolut ausreichend ist. Der Kunde hat die Wahl zwischen Schalt- oder Automatikwagen. Man sollte das Auto vor Vertragsabschluss einer Inspektion unterziehen, da manche Fahrzeuge doch schon einen recht abgenutzten Eindruck machen – und in diesem Fall auf ein fast immer vorhandenes, neueres Modell bestehen.

Die Wagen werden so gut wie immer mit einem Minimum an Benzin übergeben, sodass die erste Fahrt sogleich zur nächsten **Tankstelle** (geöffnet: tgl. ca. 7–19 Uhr) führen muss. Auf Mahé gibt es insgesamt nur sechs Zapfstellen. Sie befinden sich in Victoria, an der Beau Vallon Bay ⓯, am Flughafen (s. S. 108), an der Anse Royale ⓳, im Ort Baie Lazare ㉕ und beim Mahé Beach Hotel. Auf Praslin gibt es zwei Tankstellen: in Grand Anse ㊽ und Baie Sainte Anne ㊵. Mit 2 € pro Liter ist das Benzin auf den Seychellen teuer.

Obwohl die **Verkehrsregeln** weitgehend den europäischen entsprechen, besteht doch eine entscheidende Ausnahme: Auf den Seychellen herrscht **Linksverkehr!** Das bedarf zunächst für Nicht-Engländer einer gewissen Eingewöhnungszeit. Die Straßen auf Mahé und Praslin sind meist in gutem Zustand, aber oft kurvenreich und schmal. Vorsicht ist allerdings an den Straßenrändern geboten, weil häufig unmittelbar daneben und nicht abgesichert ein Abwasserkanal verläuft.

Die Höchstgeschwindigkeit beträgt auf Praslin sowie innerorts auf Mahé 40 km/h und außerorts auf Mahé 65 km/h. Abweichende Geschwindigkeitsbegrenzungen sind ausgeschildert. Es besteht Anschnallpflicht. Auf La Digue wird im Allgemeinen kein Auto gemietet, hier ist das Anmieten von **Fahrrädern** vor Ort zu empfehlen.

Taxi

Hier gilt die Regel: Bitte nur im Notfall. Taxifahren ist selbst für die hochpreisigen Verhältnisse auf den Seychellen teuer. So kostet etwa die 20-minütige Fahrt von der Hauptstadt Victoria nach Beau Vallon ⓯ um die 50 € und ist damit fast so teuer wie ein Mietauto für einen ganzen Tag. Leider sind die meisten Taxis noch nicht einmal mit einem Taxameter ausgestattet, sodass die Preise vorher ausgehandelt werden müssen. Entsprechend sollte man auf den Service nur dann zurückgreifen, wenn es nicht anders geht. Ein extra Trinkgeld ist bei derart hohen Preisen nicht vorgesehen.

Motorrad

Motorräder wären zumindest auf Mahé und Praslin eine hervorragende Möglichkeit, um die Inseln zu erkunden. Nach mehreren schweren Unfällen wurden selbige jedoch verboten, sodass dieses Fortbewegungsart nicht zur Verfügung steht.

Fahrrad

Während man auf Mahé und Praslin wohl wegen der sehr gebirgigen Topografie so gut wie nie Fahrräder sieht, stellen sie auf La Digue das Hauptverkehrsmittel der Einheimischen und Urlauber dar. Dabei handelt es sich um eine sehr bequeme und luftige Fortbewegungsweise, zumal auf La Digue nur ganz wenige Autos die Luft verpesten. Praktisch jede Unterkunft leiht Drahtesel an ihre Gäste aus. Leider sind die meisten Räder in ei-

nem recht vernachlässigten Zustand. Entsprechend sollte man sie vor Anmietung genauer untersuchen, um zumindest sicherzustellen, dass die Bremsen funktionieren. Der gängige Mietpreis beträgt 100 SR pro Tag.

Boot

Insel-Hopping, sprich von Insel zu Insel reisen und die ganze Vielfalt der Inselwelt kennenlernen, dafür sind die Seychellen wie gemacht. Alle in diesem Buch genannten Eilande liegen so nahe beieinander, dass sie problemlos innerhalb eines zweiwöchigen Urlaubs besucht werden können. Dies umso mehr, da sie über ein engmaschiges Netz an Boots- und Flugverbindungen bestens miteinander verbunden sind. Hinzu kommt, dass sowohl die Überfahrten als auch die Flüge mit herrlichen Aussichten auf die Inselwelt und das türkisfarbene Meer verbunden sind. Zudem sind alle hier aufgeführten Inseln so klein, dass es kaum mehr als eine halbe Stunde dauert, um vom Hotel zum Fähr- oder Flughafen zu gelangen. Entsprechend verliert man nur wenig Zeit mit dem eigentlichen Transport und kann sich schon recht bald nach dem Verlassen der „alten Inseln" schon wieder auf die Erkundung der „neuen" machen.

Wie man die Inseln miteinander kombiniert, bleibt selbstverständlich jedem selbst überlassen. Als **Orien-**

tierungshilfe sei hier eine von vielen Varianten genannt: Nach Ankunft mit dem Flugzeug aus Europa in Mahé einchecken im Hotel und vier Tage Aufenthalt auf der größten Insel der Seychellen. Wer möchte, kann bereits hier mit dem Inselhüpfen beginnen, indem man den von vielen Agenturen angebotenen Ausflug zu den sechs Inseln des St. Anne Marine National Park (s. S. 54) unternimmt. Am fünften Tag geht es per Fähre (s. S. 127) in 90 Minuten oder per Flugzeug in 20 Minuten nach Praslin. Die folgenden 4 Tage sind unter anderem mit Inselerkundung von Praslin und einem Tagesausflug zu den benachbarten Inseln Cousin ❺⓿ und Curries ausgefüllt.

Zum Abschluss des 14-tägigen Aufenthaltes bietet sich dann noch ein absolut entspannender Badeurlaub auf der kleinen Trauminsel La Digue an, die wiederum nur 30 Minuten mit der Fähre von Praslin entfernt liegt.

Selbstverständlich geht es auch noch wesentlich individueller und luxuriöser, indem man von einer der auf Mahé oder Praslin zahlreich vorhandenen **Chartergesellschaften** eine Jacht zum Selbersegeln oder mit Crew mietet.

Das Seychelles Tourism Board informiert Segler im Internet über Einreiseformalitäten, Windverhältnisse, Hafenvertreter und Segelcharter:
› www.seychelles.travel/en/explore/special-interest/267-sailing
› **Bat-O-Bleu**, Eden Island ⓰, Roche Caiman, www.bat-o-bleu.com
› **Sunsail**, www.sunsail.de

◁ *Beim Inselhopping mit einem der zahlreichen Charterboote lernt man die Inselwelt der Seychellen am besten kennen*

Versicherungen

Egal, welche Versicherungen man abschließt, eine Grundregel gilt für alle: Bei allen abgeschlossenen Versicherungen sollte man die **Notfallnummern notieren und die Policenummer gut aufheben!** Beim Eintreten eines Notfalls sollte die Versicherungsgesellschaft sofort telefonisch verständigt werden!

Die Kosten für eine ärztliche Behandlung werden von den gesetzlichen Krankenversicherungen in Deutschland und Österreich nicht übernommen, daher ist der Abschluss einer **privaten Auslandskrankenversicherung** unverzichtbar. Bei Abschluss der Versicherung – die es mit bis zu einem Jahr Gültigkeit gibt – sollte auf einige Punkte geachtet werden. Zunächst sollte ein Vollschutz ohne Summenbeschränkung bestehen, im Fall einer schweren Krankheit oder eines Unfalls sollte auch der Rücktransport übernommen werden. Wichtig ist auch, dass im Krankheitsfall der Versicherungsschutz über die vorher festgelegte Zeit hinaus automatisch verlängert wird, wenn keine Rückreise möglich ist. Schweizer sollten bei ihrer Krankenversicherungsgesellschaft nachfragen, ob die Auslandsdeckung auch für die Seychellen inbegriffen ist. Zur Erstattung der Kosten benötigt man ausführliche Quittungen (mit Datum, Namen, Bericht über Art und Umfang der Behandlung, Kosten der Behandlung und Medikamente).

Die **Reisegepäckversicherung** lohnt sich seltener, da z. B. bei Flugreisen verlorenes Gepäck oft nur nach Kilopreis und auch sonst nur dem Zeitwert nach Vorlage der Rechnung ersetzt wird. Die Hausratversicherung deckt häufig schon Einbruch, Raub und Beschädigung von Eigentum auch im Ausland ab – was auf den Seychellen so gut wie nie vorkommt.

Für den Fall, dass etwas passiert, muss der Versicherung als Schadensnachweis ein Polizeiprotokoll vorgelegt werden. Eine Privathaftpflichtversicherung hat man in der Regel schon. Hat man eine Unfallversicherung, sollte man prüfen, ob diese im Falle plötzlicher Arbeitsunfähigkeit aufgrund eines Unfalls im Urlaub zahlt.

Wetter und Reisezeit

Auf den Seychellen ist das Wetter fast immer gleich: Die **Temperaturen** liegen tagsüber bei 28–32 °C, nachts zwischen 20–24 °C. Es ist meist sonnig mit gelegentlichen Schauern, die Luftfeuchtigkeit liegt bei 75–90 %. Tatsächlich herrscht auf den Seychellen bedingt durch die Äquatornähe ein ganzjährig recht gleichmäßiges, hochsommerliches Wetter. Entsprechend gibt es keine allgemein verbindliche „beste Reisezeit". Mit durchschnittlich über 80 % ist die Luftfeuchtigkeit zwar deutlich höher als in Europa, doch die fast ganzjährig leichte Brise sorgt für Abkühlung.

Regnen kann es das ganze Jahr, meist abends/nachts und nur für kurze Zeit. Dabei ist das im Inselinneren bis zu 900 m vergleichsweise gebirgige Mahé mehr von Niederschlägen betroffen als die relativ flachen Nachbarinseln Praslin und La Digue. Warme Kleidung kann man getrost zu Hause lassen, da die Temperaturen so gut wie nie unter 20 Grad fallen. Ein Pullover ist dennoch ratsam, schließlich reist man aus dem kalten Mitteleuropa an und in manchen Restaurants wird die **Klimaanlage** stark heruntergefahren.

In den Monaten Oktober bis April fällt mehr Regen als in der anderen Jahreshälfte. Meist handelt es sich dabei jedoch um recht kurze, dafür heftige Tropenschauer. Am größten ist die Wahrscheinlichkeit von mehreren Tagen Regen in den Monaten Januar und Februar. Doch selbst in dieser eigentlichen Regenzeit kann es wochenlang schön sein.

Ab Mitte Mai bis etwa August kann der Ozean manchmal rau und das Wasser recht aufgewühlt sein. An den windzugewandten, südöstlichen Stränden ist dann das Schwimmen und Schnorcheln wegen der Brandung gefährlich. Während dieser Zeit sollte man eher Strände im Norden und Westen aufsuchen. Andererseits ist es dann mit dem Wind nicht mehr so heiß wie in den Monaten davor, aber auch trockener.

Durch-schnitt	Wetter auf den Seychellen											
Maximale Temperatur	30°	30°	31°	31°	31°	29°	28°	28°	29°	30°	30°	30°
Minimale Temperatur	24°	25°	25°	25°	25°	25°	24°	24°	24°	24°	24°	24°
Regentage	17	11	11	14	11	10	10	10	11	12	14	18
Wasser-temperatur	27°	28°	28°	29°	28°	27°	26°	26°	26°	26°	27°	27°
	Jan	Febr	März	Apr	Mai	Juni	Juli	Aug	Sept	Okt	Nov	Dez

ANHANG

Kleine Sprachhilfe Kreol für die Seychellen

Die folgenden Wörter und Redewendungen speziell für den typischen Reisealltag wurden dem Reisesprachführer „Kreol für die Seychellen" (Kauderwelsch-Band 164) aus dem REISE KNOW-HOW Verlag entnommen.

Die wichtigsten Floskeln

wi – non, pa	ja – nein, nicht
silvouple – mersi	bitte – danke
Byenveni!	Herzlich willkommen!
Bonzour!	Guten Tag!
Bonswar!	Guten Abend!
Bonnwit!	Gute Nacht!
Alo!	Hallo!
Eski ou byen?	Geht es Ihnen gut?
Ki i dir?	Wie geht's so?
Konman ou sa va?	Wie geht's?
Sa va.	Es geht.
Mon (tre) byen!	Danke, (sehr) gut!
Mon pa byen.	Mir geht's nicht gut.
Mon fatige.	Ich bin müde.
Pa mal. Oke.	Nicht schlecht. Okay.
Orevwar!	Auf Wiedersehen!
(Ale) Baybay!	Tschüss!
Bonne sans!	Mach's gut!
Byento!	Bis bald!
Bon vwayaz!	Gute Reise!
Mon pa konnen.	Ich weiß nicht.
Bonn apetit!	Guten Appetit!
Cheers!	Zum Wohl!
Felisitasyon!	Glückwunsch!
Pardon mwan, …	Entschuldigung, …
Ekskiz mwan, …	Entschuldigung, …
Mon byen regrete!	Es tut mir leid!
Mon dezole!	Es tut mir leid!
Pa fer naryen!	Macht nichts!
Pa trakase!	Ist schon gut!
Domaz!	Schade!
Mon dakor!	Einverstanden!
Petet.	Vielleicht.

Die wichtigsten Fragen

I annan …?	Gibt es …?
Ou annan …?	Haben Sie …?
Eski ou annan en …?	Haben Sie ein …?

Kleine Sprachhilfe Kreol für die Seychellen

... sa?	Ist das ...?
... i ansanm?	Ist ... inbegriffen?
Permet mwan ...?	Darf ich ...?
Mon kapab ...?	Kann ich ...?
Mon bezwen ...?	Brauche ich ...?
Ki ...?	Wer/Was ist/sind ...?
Kote mon kapab aste ...?	Wo kann ich ... kaufen?
Kote ... i ete?	Wo ist ...?
Oli ...?	Wo befindet sich ...?
Oli mon kapab trouv ...?	Wo finde ich ...?
Kote ... vini?	Woher kommt ...?
Sa bis i pas kote ...?	Passiert der Bus bei ...?
Sa bis i pou ale ...?	Fährt der Bus nach ...?
Ki ler ... i ale?	Wann fährt/geht ...?
Kel ler?	Um wie viel Uhr?
Ki zour ...?	An welchem Tag ...?
Pour konbyen letan ...?	Wie lange ...?
Ki ler fodre mon ariv ...?	Wann muss ich ... sein?
Ou kapab ed mwan?	Können Sie mir helfen?
Konbyen sa?	Wie viel kostet das?
Konbyen i kout ...?	Wie viel kostet ...?
Kimannyer ... apele?	Wie heißt/heißen ...?
Konman ... apele?	Wie heißt/heißen ...?
Ki laz ... annan?	Wie alt ist/sind ...?
Kimannyer letan i ete ...?	Wie ist das Wetter ...?

Die wichtigsten Sätze

Mon bezwen ...	Ich brauche ...
Mon oule ...	Ich hätte gern ...
Mon annan ...	Ich habe ...
Napa ...	Es gibt kein ...
Donn mwan ...	Geben Sie mir ...
Enkor en pe.	Etwas mehr.
Mon pe rod ...	Ich suche ...
Mon oule al ...	Ich möchte nach ...
Mon ti a kontan ...	Ich würde gerne ...
Mon oule lwe ...	Ich möchte ... mieten.
Mon oule koz avek ...	Ich möchte mit ... sprechen.
De tiket pour ...	Zwei Karten für ...
Demen mon pou al ...	Morgen fahre ich nach ...
Degaze!	Beeilen Sie sich!
Aret la devan!	Da vorn anhalten!
Sa i kout ser.	Das ist zu teuer!
... pa marse.	... funktioniert nicht.
... in kase.	... ist kaputt.
Mon pa manze ...	Ich esse kein ...

Kleine Sprachhilfe Kreol für die Seychellen

Ed mwan silvouple!	Helfen sie mir, bitte.
... i fer mal.	... tut weh.
Mon malad ...	Ich habe ...-schmerzen.
Mon'n perdi mon ...	Ich habe mein ... verloren.
Garson, ... silvouple!	Kellner, noch etwas ... bitte!

Die wichtigsten Zeitangaben

yer	gestern
avan yer	vorgestern
ozordi	heute
demen	morgen
apre demen	übermorgen
lannmen	am folgenden Tag
bomaten	Morgen
sa bomaten	heute Morgen
midi	Mittag
apremidi	Nachmittag
swar	Abend
tanto	heute Abend
lannwit	Nacht
yer swar	gestern Abend
pli tar	später
pli bonner	früher
byento	bald
tou le zour	täglich
segonn	Sekunde
la menm la	jetzt
minit	Minute
pti minwi	Mitternacht
er	Stunde
wikenn	Wochenende
zour	Tag
an	Jahr
semenn	Woche
mwan	Monat

Die wichtigsten Richtungsangaben

drwat	rechts
gos	links
tou drwat	geradeaus
fas an fas	gegenüber
lwen	weit
pre	nahe
isi	hier

Humorvolles bei REISE KNOW-HOW:
So sind sie, die …

Die Fremdenversteher
Die Reihe, die kulturellen Unterschieden unterhaltsam auf den Grund geht.

Amüsant und sachkundig. Locker und heiter. Ironisch und feinsinnig. Über die Lebensumstände, die Psyche, die Stärken und Schwächen unserer europäischen Nachbarn, der Amerikaner und Japaner.

So sind sie eben, die Fremden!
Die Fremdenversteher: Deutsche Ausgabe der englischen Xenophobe's® Guides.

108 Seiten | 8,90 Euro [D]

www.reise-know-how.de   Reisen? We know how!

Reisetagebuch – Notizen von unterwegs von REISE KNOW-HOW

Weltkarte
Kontinente und Zeitzonen
Immerwährender Kalender
Reiseverzeichnis
Sprachhilfe ohne Worte

1. Auflage 2017
ISBN 978-3-8317-3020-9
€ 12 [D]

Dieses Reisetagebuch hat 133 Seiten zur freien Gestaltung. Es gibt noch eine Packliste, eine Budgetliste und Adress-Seiten zum Ausfüllen. Und natürlich viel Nützliches für unterwegs. Es ist liebevoll illustriert mit alten Stichen von Tieren, Pflanzen und Fortbewegungsmitteln aus aller Welt, aufgelockert mit Gedanken und Zitaten zum Thema Reisen.

www.reise-know-how.de   Reisen? We know how!

Impressum, Schreiben Sie uns

◮ *Die Feenseeschwalben fühlen sich auf den tropischen Seychellen wohl*

Schreiben Sie uns

Dieses Buch ist gespickt mit Adressen, Preisen, Tipps und Daten. Unsere Autoren recherchieren unentwegt und erstellen alle zwei Jahre eine komplette Aktualisierung, aber auf die Mithilfe von Reisenden können sie nicht verzichten. Darum: Teilen Sie uns bitte mit, was sich geändert hat oder was Sie neu entdeckt haben. Gut verwertbare Informationen belohnt der Verlag mit einem Sprachführer Ihrer Wahl aus der Reihe „Kauderwelsch".

Kommentare übermitteln Sie am einfachsten, indem Sie die Web-App zum Buch aufrufen (siehe Umschlag hinten) und die Kommentarfunktion bei den einzelnen auf der Karte angezeigten Örtlichkeiten oder den Link zu generellen Kommentaren nutzen. Wenn sich Ihre Informationen auf eine konkrete Stelle im Buch beziehen, würde die Seitenangabe uns die Arbeit sehr erleichtern. Unsere Kontaktdaten entnehmen Sie bitte dem Impressum.

Impressum

Thomas Barkemeier

InselTrip Seychellen

© REISE KNOW-HOW Verlag
Peter Rump GmbH 2015

2., neu bearbeitete und aktualisierte Auflage 2018

Alle Rechte vorbehalten.

ISBN 978-3-8317-3065-0
PRINTED IN GERMANY

Druck und Bindung: Media-Print, Paderborn

Herausgeber: Klaus Werner, Ulrich Kögerler
Layout: amundo media GmbH (Umschlag, Inhalt), Peter Rump (Umschlag)
Lektorat: amundo media GmbH
Karten: Ingenieurbüro B. Spachmüller, amundo media GmbH
Anzeigenvertrieb: KV Kommunalverlag GmbH & Co. KG, Alte Landstraße 23, 85521 Ottobrunn, Tel. 089 928096-0, info@kommunal-verlag.de
Kontakt: Osnabrücker Str. 79, 33649 Bielefeld, info@reise-know-how.de

Alle Angaben in diesem Buch sind gewissenhaft geprüft. Preise, Öffnungszeiten usw. können sich jedoch schnell ändern. Für eventuelle Fehler übernehmen Verlag wie Autor keine Haftung.

Bildnachweis

Umschlagvorderseite: fotolia.com by Adobe©kubais | Umschlagklappe rechts: Thomas Barkemeier
Soweit ihre Namen nicht vollständig am Bild vermerkt sind, stehen die Kürzel an den Abbildungen für die folgenden Fotografen, Firmen und Einrichtungen. Thomas Barkemeier: tb | Dreamstime.com: dr | fotolia.com by Adobe: fo

Zeichenerklärung

- ⑩ Sehenswürdigkeit
- ☀ Aussicht
- ✈ Flughafen
- ⛳ Golfplatz
- ⚓ Hafen
- ▲ Höhenpunkt
- ⛪ Kirche, Kloster
- 🗼 Leuchtturm
- Ⓜ Museum
- ⌒ Pass
- ★ Sehenswürdigkeit
- 🏖 Strand
- 🏄 Surfen
- 🤿 Tauchen
- Ⓤ UNESCO-Stätte
- ↑ Windrad

- 🟥 Übernachtung
- 🟦 Essen und Trinken
- 🟩 Einkaufen/Sonstiges
- 🟧 Nachtleben
- 🟦 Aktiv

Die Seychellen mit PC, Smartphone & Co.

QR-Code auf dem Umschlag scannen oder www.reise-know-how.de/inseltrip/seychellen18 eingeben und die **kostenlose Web-App** aufrufen (Internetverbindung zur Nutzung nötig)!

★**Anzeige der Lage und Satellitenansicht aller** beschriebenen Sehenswürdigkeiten und weiteren Orte
★**Routenführung** vom aktuellen Standort zum gewünschten Ziel
★**Updates** nach Redaktionsschluss

GPS-Daten zum Download
Die KML-Daten aller Ortsmarken können hier geladen werden: www.reise-know-how.de, dann das Buch aufrufen und zur Rubrik „Datenservice" scrollen.

Inselplan für mobile Geräte
Um den Inselplan auf Smartphones und Tablets nutzen zu können, empfehlen wir die App „Avenza Maps" der Firma Avenza™. Der Inselplan wird aus der App heraus geladen und kann dann mit vielen Zusatzfunktionen genutzt werden.

Die Web-App und der Zugriff auf diese über QR-Codes sind eine freiwillige, kostenlose Zusatzleistung des Verlages. Der Verlag behält sich vor, die Bereitstellung des Angebotes und die Möglichkeit der Nutzung zeitlich und inhaltlich zu beschränken. Der Verlag übernimmt keine Garantie für das Funktionieren der Seiten und keine Haftung für Schäden, die aus dem Gebrauch der Seiten resultieren. Es besteht ferner kein Anspruch auf eine unbefristete Bereitstellung der Seiten.

Diesem InselTrip-Band wurde hier ein herausnehmbarer Faltplan beigefügt. Sollte er beim Erwerb des Buches nicht mehr vorhanden sein, fragen Sie bitte bei Ihrem Buchhändler nach.